essentials

Essentials liefern aktuelles Wissen in konzentrierter Form. Die Essenz dessen, worauf es als „State-of-the-Art" in der gegenwärtigen Fachdiskussion oder in der Praxis ankommt. Essentials informieren schnell, unkompliziert und verständlich.

- als Einführung in ein aktuelles Thema aus Ihrem Fachgebiet
- als Einstieg in ein für Sie noch unbekanntes Themenfeld
- als Einblick, um zum Thema mitreden zu können.

Die Bücher in elektronischer und gedruckter Form bringen das Expertenwissen von Springer-Fachautoren kompakt zur Darstellung. Sie sind besonders für die Nutzung als eBook auf Tablet-PCs, eBook-Readern und Smartphones geeignet.

Essentials: Wissensbausteine aus Wirtschaft und Gesellschaft, Medizin, Psychologie und Gesundheitsberufen, Technik und Naturwissenschaften. Von renommierten Autoren der Verlagsmarken Springer Gabler, Springer VS, Springer Medizin, Springer Spektrum, Springer Vieweg und Springer Psychologie.

Ralf Nöcker

Agenturauswahl

Der Weg zur richtigen
Kommunikationsagentur

Ralf Nöcker
Frankfurt
Deutschland

ISSN 2197-6708 ISSN 2197-6716 (electronic)
ISBN 978-3-658-07335-0 ISBN 978-3-658-07336-7 (eBook)
DOI 10.1007/978-3-658-07336-7

Die Deutsche Nationalbibliothek verzeichnet diese Publikation in der Deutschen Nationalbibliografie; detaillierte bibliografische Daten sind im Internet über http://dnb.d-nb.de abrufbar.

Springer Gabler
© Springer Fachmedien Wiesbaden 2015

Springer Gabler ist eine Marke von Springer DE. Springer DE ist Teil der Fachverlagsgruppe Springer Science+Business Media
www.springer-gabler.de

Was Sie in diesem Essential finden können

- Einen Überblick über den Agenturmarkt
- Alternative Auswahlverfahren
- Eine Übersicht der Auswahlkriterien
- Berichte von Praktikern aus Marketing, Einkauf und Agentur
- Weiterführende Links und Literaturhinweise

Vorwort

Agenturen und Unternehmen gehen oft enge und langjährige Beziehungen ein. Das ist angesichts der Aufgabe, mit der sie es zu tun haben, auch nicht überraschend. Denn schließlich arbeiten sie an der Schnittstelle des Unternehmens zu dessen Kunden zusammen, also dort, wo sich Erfolg oder Misserfolg entscheidet. Der Auswahl einer möglichst passenden Kommunikationsagentur kommt daher allergrößte Bedeutung zu. Häufig wird sie, was Tragweite und Aufwand betrifft, verglichen mit der Besetzung einer Top-Führungsposition im Unternehmen. Die Agenturauswahl ist ein schwieriger und kostenintensiver Prozess. Das Angebot ist aus Unternehmenssicht groß, die Einschätzung der Qualität ex ante schwierig. Das vorliegende Buch soll hier Hilfestellung bei allen FRAGEN rund um das Thema Agenturauswahl geben.

Frankfurt im August 2014   Dr. Ralf Nöcker

Einleitung

Marketingkommunikation gehört zu jenen Funktionen, die Unternehmen typischerweise an Spezialisten – also an Agenturen – auslagern. Nur die wenigsten Firmen leisten sich eine eigene Inhouse-Agentur, die für einen Großteil der Kommunikationsaufgaben zuständig ist. Typisch ist also aus Unternehmenssicht, dass regelmäßig Agenturen ausgewählt, beauftragt und geführt werden müssen. Da es sich bei Kunde-Agenturbeziehungen um üblicherweise enge und partnerschaftliche Verhältnisse von Dauer handelt, hat die Frage der Auswahl einer geeigneten Agentur für die Beteiligten hohe Relevanz. Hinzu kommt, dass eine erfolgreiche Partnerschaft sogar die Basis eines Wettbewerbsvorteils sein kann (vgl. Dyer und Singh 1998).

Die richtige Agentur zu finden, ist dabei keine leichte Aufgabe. Der Markt ist unübersichtlich – laut Destatis (ehemals Statistisches Bundesamt) gibt es in Deutschland rund 22.000 Betriebe, die sich als „Werbeagentur" bezeichnen. Ob diese Zahl auch nur annähernd der Realität entspricht, ist offen. Und selbst wenn man die Auswahl eingrenzt, indem man sich beispielsweise auf die Mitgliedsagenturen des Agenturverbands GWA (Gesamtverband Kommunikationsagenturen) beschränkt, bleibt die Entscheidung für die eine oder die andere Agentur ein anspruchsvolles Vorhaben, bei dem einige wichtige Fragen zu klären sind. Versteht die Agentur das Kommunikationsproblem wirklich? Hat sie die strategische und kreative Kompetenz, das Problem zu lösen? Passen die beteiligten Personen zueinander? Anhand welcher Kriterien soll die Agentur ausgewählt werden?

Antworten auf diese Fragen finden sich im vorliegenden Buch. Es versteht sich dabei als Handwerkszeug, das den Marketing-Entscheider bei der Agenturauswahl unterstützen soll. Auf eine Einschränkung sei dabei noch verwiesen: Es geht in diesem Buch ausschließlich um Agenturauswahlprozesse privater Unternehmen. Ausschreibungen öffentlicher Auftraggeber stellen ein ganz eigenes Thema dar, für es eine eigene Publikation bräuchte. Beginnen wollen wir das mit der vorgelagerten Entscheidung: Soll überhaupt eine Agentur beauftragt werden, oder kann die Marketingkommunikation oder zumindest Teile derselben vielleicht doch effektiver und effizienter inhouse umgesetzt werden?

Inhaltsverzeichnis

(Neue) Agentur oder nicht? 1

1.1 Sie haben keine Agentur – brauchen Sie wirklich eine?

Die Frage, wer welche Aufgaben der Marketingkommunikation übernehmen soll, gehört zu den typischen „Make-or-buy"-Entscheidungen. Die auf den ersten Blick selbstverständliche Lösung dieses Entscheidungsproblems, nämlich die Beauftragung einer Agentur (also „buy"), ist auf den zweiten Blick keineswegs so naheliegend, wie es auch die Realität in der Unternehmenspraxis suggeriert. Eine amerikanische Studie zur Entwicklung der Kunde-Agenturbeziehungen zeigte vor einigen Jahren einen wachsenden Anteil der amerikanischen Unternehmen, die über eine Inhouse-Werbeagentur verfügen (Horsky et al. 2008, S. 5).

Wann aber ist es aus Unternehmenssicht sinnvoll, eine Agentur zu beauftragen, statt die entsprechenden Aufgaben selbst zu übernehmen? Zunächst einmal spart das Unternehmen Geld, wenn es auf die Beauftragung von Agenturen verzichtet. Denn diese wollen ihrerseits Geld verdienen, werden ihre Dienstleistung also nicht zu Selbstkosten anbieten, sondern einen Gewinnzuschlag erheben. Diesen Gewinnzuschlag spart das Unternehmen ein, wenn es die Werbung inhouse anfertigt. Dem stehen jedoch erhebliche Produktionskosten einer eigenen Inhouse-Agentur gegenüber. Es müssen Räume zur Verfügung gestellt werden, vor allem aber muss das Unternehmen entsprechendes Personal rekrutieren und bezahlen.

Es ist fraglich, ob diesen Investitionen entsprechende Nachfrage gegenüber steht, ob also eine Inhouse-Werbeagentur überhaupt ausgelastet werden kann. Dies gilt umso mehr dann, wenn Mitarbeiter mit anspruchsvollen und vielschichtigen Fähigkeiten benötigt werden, die zudem in einer eigenen Kultur arbeiten müssen, die möglicherweise von derjenigen des Rest-Unternehmens deutlich abweicht.

1

© Springer Fachmedien Wiesbaden 2015
R. Nöcker, *Agenturauswahl*, essentials, DOI 10.1007/978-3-658-07336-7_1

Braucht man also viele verschiedene Spezialisten, fällt es schwerer, diese stets mit genug Arbeit zu versorgen. Dieser Bedarf an spezialisiertem Know-how dürfte aber gerade für Marketing-Kommunikation typisch sein. Wenn also das Marketing-Budget einen bestimmten Wert unterschreitet, lohnt sich die Inhouse-Agentur nicht mehr, da die Kostenersparnisse – etwa durch Wegfall der Gewinnzuschläge von Agenturen – durch die Größennachteile der Inhouse-Agentur gegenüber einer externen Agentur mehr als kompensiert werden.

Untersuchungen zeigen, dass es sich erst ab einer bestimmten Größe des Gross Income (Rohertrags) einer Inhouse-Agentur lohnt, überhaupt den Betrieb aufzunehmen (vgl. Poppo und Zenger 1998, S. 861). Die Autoren einer amerikanischen Studie rechnen vor, dass die Mindest-Betriebsgröße einer solchen Agentur bei einem Honorarvolumen von umgerechnet drei bis vier Millionen Euro liegt. Dies bedeutet ein Werbebudget in Höhe von zwischen 25 und 33 Mio. €. Nur wenige Unternehmen verfügen über ein der art hohes Werbebudget. Mithin ist nur in wenigen Unternehmen ein effizienter Betrieb einer Inhouse-Agentur möglich. Andererseits gibt es auch in sehr kleinen Unternehmen die Tendenz, Inhouse-Agenturen zu betreiben. Diese Firmen profitieren dadurch vom Wegfall der Gewinnaufschläge externer Agenturen (vgl. Horsky et al. 2008, S. 24). Ein Werbevolumen zwischen diesen Extremwerten rechtfertigt die Beauftragung einer Agentur, rein ökonomisch betrachtet.

Es gibt hier aber natürlich auch einen qualitativen Aspekt zu berücksichtigen. Es stellt sich etwa die Frage, ob eine Inhouse-Agentur in der Lage ist, qualitativ mit externen Agenturen zu konkurrieren. Hier sind Zweifel angebracht. Vor allem in ihren Möglichkeiten, gute Kreative zu gewinnen und an sich zu binden, dürften Inhouse-Agenturen benachteiligt sein. Für Top-Kreative ist eine gute Agenturadresse erste Wahl, nicht unbedingt die Inhouse-Agentur eines Unternehmens. Zudem brauchen Berater und Kreative eine spezielle Kultur, um Höchstleistungen zu erbringen. Für Agenturen ist es eine Selbstverständlichkeit, je eigene starke Kulturen aufzubauen und zu erhalten (vgl. Nöcker 2014, S. 93 ff.). Inhouse-Agenturen haben hier regelmäßig Defizite, nicht zuletzt deshalb, weil sie als Abteilungen oder Tochtergesellschaften stets einem größeren Unternehmen mit jeweils eigener Kultur angehören.

Es gibt somit gute Gründe, die dafür sprechen, dass diese Kosten in einer Inhouse-Agentur höher ausfallen als in einer Agentur, die am Markt agiert. Denn anders als die Inhouse-Kollegen kann die externe Agentur sogenannte Economies of Scope realisieren. Hierunter versteht man Kostenvorteile, die sich aus der breiten Nutzung eines Produktionsfaktors ergeben. Die hoch-qualifizierten Kreativen und Berater einer Werbeagentur können für mehrere Kunden eingesetzt werden, es können mithin Synergien genutzt werden. Dieser Vorteil steht einer Inhouse-Agentur, die naturgemäß nur über einen Kunden verfügt, nicht zur Verfügung. Ein ähnliches Argument gilt für den Media-Einkauf. Full-Service-Agenturen und Mediaagenturen sind in der Lage, Einkaufsvolumina mehrerer Kunden zu bündeln. Damit verfügen sie über eine wesentlich stärkere Verhandlungsposition gegenüber den Medien als das einzelne Unternehmen und können Größenvorteile (Economies of Scale) nutzen.

Zusammenfassend sind folgende Fragen hinsichtlich der (Nicht-)Beauftragung einer Agentur zu klären:

- **Rechtfertigt die Höhe des Kommunikationsbudgets eventuell sogar den Betrieb einer Inhouse-Agentur?**
- **Ist zusätzlich sichergestellt, dass eine Inhouse-Agentur das gleiche Qualitätsniveau erreicht wie eine externe Agentur?**
- **Gibt es wiederkehrende Kommunikationsmaßnahmen (beispielsweise Broschüren) mit einem hinreichend großen Volumen, die eine eigene Inhouse-Lösung rechtfertigen?**
- **Rechtfertigt die Höhe des Kommunikationsbudgets überhaupt die Beauftragung einer externen Agentur?**

1.2   Sie brauchen eine neue Agentur – oder gleich mehrere?

Wenn man sich gegen die Inhouse- und für die Agenturlösung entschieden hat, stellt sich die Frage, ob sämtliche Agenturaufgaben bei einem Dienstleister gebündelt, auf mehrere Agenturen oder im Extremfall sogar auf ein Netzwerk aus Freien Mitarbeitern verteilt werden sollen. Gerade große Unternehmen beschäftigen häufig mehrere Agenturen für einzelne abgegrenzte Aufgabenfelder. Beide Vorgehensweisen haben Vor- und Nachteile. Kommunikationsaufgaben werden zunehmend komplexer und es braucht in wachsendem Maße Spezial-Know-how, um diese Aufgaben zu bewältigen. Dieses Know-how ist in keiner Agentur in der ganzen Breite vorhanden. Es empfiehlt sich daher die Beauftragung von Spezialisten, wenn viele Kommunikationskanäle genutzt werden sollen.

Allerdings muss man hier den Nachteil hoher Koordinationskosten in Kauf nehmen. Jede der Agenturen oder Freelancer muss ausgewählt, beauftragt und gesteuert werden, zudem entstehen Schnittstellen zwischen den einzelnen Dienstleistern, die gemanagt werden müssen. Mittlerweile gibt es Agenturen, die dem Unternehmen beziehungsweise dem Marketing genau diese Aufgabe abnehmen (siehe Abschn. 3.3). Folgende Fragen ergeben sich in diesem Zusammenhang:

- Soll eine Agentur alle Kommunikationsaufgaben verantworten oder verteilt man Spezialaufgaben an Spezialdienstleister?
- Gibt es für diesen Fall im Unternehmen ausreichend Kapazität und Knowhow, um ein Netzwerk aus Spezialagenturen zu steuern?
- Soll die Steuerung der spezialisierten Kommunikationsdienstleister durch einen Externen erfolgen?

1.3 Sie haben bereits eine Agentur. Brauchen Sie wirklich eine neue?

Eine etwas andere Sachlage ergibt sich im Falle des Agenturwechsels. Hier steht aus Unternehmenssicht die Frage im Vordergrund, ob eine neue Agentur besser geeignet ist, anstehende Kommunikationsprobleme zu meistern, als der aktuell tätige Kommunikationsdienstleister. Der Agenturwechsel stellt den mit Abstand häufigsten Anlass für Auswahlprozesse dar. Gleichwohl sollte ein Unternehmen sich genau überlegen, ob sich dieser Wechsel lohnt. Der Agenturauswahlprozess ist aufwändig und zeitraubend. Sämtliche Assets, die aus der Beziehung zur alten Agentur entstanden sind, gehen verloren und müssen im Falle des Agenturwechsels mit der neuen Agentur neu aufgebaut werden. Dazu zählen beispielsweise eingespielte Teams, Informationswege, das gegenseitige Know-how über den Partner, das Verständnis der Agentur für die Belange des Unternehmens und dessen Markt, etc.

Folgende Fragen sollte ein Unternehmen daher klären, bevor es sich für die Suche nach einer neuen Agentur entscheidet:

- Teilen alle Beteiligten im Unternehmen die negative Sicht auf die Bestandsagentur?
- Haben sich die Anforderungen an die Agentur aus Unternehmenssicht tatsächlich so verändert, dass dies einen Agenturwechsel rechtfertigt?
- Gab es eine objektive Beurteilung der Performance der aktuellen Agentur?
- Sind mögliche Schritte erwogen oder umgesetzt worden, die Mängel der bestehenden Agenturbeziehung zu beheben?

Gerade letztgenannter Aspekte sollte genauestens berücksichtigt werden. Oft hilft beispielsweise der Wechsel von Personen auf Agenturseite, die bestehenden Probleme komplett zu beseitigen. In vielen Fällen hilft zudem ein externer Mediator, die (oft simplen und leicht zu beseitigenden) Mängel in der Kunde-Agenturbeziehung auszuräumen.

Bevor man sich schließlich auf die Suche nach einer Agentur macht, sollte man sich einen Überblick über den Agenturmarkt verschaffen, was nicht so einfach ist. Die Aufgabenfelder, auf denen Agenturen tätig sind, werden im Folgenden kurz beschrieben. Die nachfolgende Typologie der Agenturen suggeriert allerdings eine Trennschärfe, die in der Realität so nicht gegeben ist.

Der Agenturmarkt

2

2.1 Übersicht

Wie eingangs erwähnt gestaltet sich der Agenturmarkt sehr unübersichtlich. Da die Eintrittsbarrieren – so überhaupt vorhanden – ausgesprochen niedrig sind, gibt es eine unüberschaubare Menge an Dienstleister, die sich „Werbeagentur" oder „Kommunikationsagentur" nennen. Hinter diesen Begriffen verbirgt sich eine Vielzahl verschiedenster Geschäftsmodelle. Es ist mitunter aus Sicht eines potentiellen Auftraggebers schwer, den passenden Anbieter für die jeweils anstehende Aufgabe zu finden. Hinzu kommt, dass eine wichtige Orientierungshilfe der Vergangenheit heute nicht mehr zur Verfügung steht. Eine aussagekräftige Rangliste der umsatzstärksten Agenturen gibt es seit dem Jahr 2002 nicht mehr. Grund ist, dass die an einer amerikanischen Börse notierten großen Agenturnetze mit Verweis auf die Börsenregeln des Sarbanes-Oxley-Acts seit diesem Jahr keine Umsatz- oder Mitarbeiterzahlen für den deutschen Markt veröffentlichen.

2.2 Agenturtypen

Kreativagenturen Kreativagenturen übernehmen die Planung, Gestaltung/Realisation und Vermittlung/Durchführung von Marketing-Kommunikation. Die Entwicklung einer kreativen Grund- oder Leitidee ist hier einer der Kerne der Agenturarbeit. In einer typischen Agenturorganisation begleitet die Beratungsabteilung einer Agentur den gesamten Entstehungsprozess, plant die Maßnahmen der Marketingkommunikation, ist der Kontakt des Kunden in der Agentur (woher auch

7

© Springer Fachmedien Wiesbaden 2015
R. Nöcker, *Agenturauswahl*, essentials, DOI 10.1007/978-3-658-07336-7_2

die heute weniger geläufige Bezeichnung von Kundenberatern als „Kontakter"
rührt) und ist für die wirtschaftliche Betreuung des Etats zuständig. In größeren
Agenturen steht der Kundenberatung bei allen Fragen zur Strategie und bei der
Konzeption von Kampagnen eine eigene Abteilung für strategische Planung zur
Seite. Die kreative Leitidee entsteht im Zusammenspiel zwischen Beratung bezie-
hungsweise Strategischer Planung und Kreativabteilung, die klassischerweise aus
Grafikern und Textern besteht. Im Zuge der Digitalisierung von Marketingkom-
munikation werden diese Teams immer häufiger auch durch Online-Spezialisten
ergänzt. Agenturinterne Serviceabteilungen wie Art Buying, FFF (Film, Funk,
Fernsehen) sowie DTP (Desktop Publishing) und Produktion unterstützen die
Kreation bei der Umsetzung der Ideen in Wort, Bild und Ton. Die Vermittlung und
Durchführung kümmert sich darum, die zur kreativen Leitidee passenden Wer-
beträger auszuwählen und die produzierten Werbemittel wie Anzeigen, TV- und
Hörfunkspots oder Online-Banner zu den geringstmöglichen Streuverlusten zu
schalten. Diese Aufgabe haben die meisten Agenturen heute ausgelagert. Sie wird
von den Mediaagenturen wahrgenommen. Während früher als wesentliches Produkt einer Kreativagentur die zeitlich und thematisch geschlossene „Kampagne"
gelten konnte, gilt diese Sichtweise heute weitgehend als überholt. Der permanente
Dialog mit dem Konsumenten über zahlreiche Kanäle on- und offline steht heute
im Vordergrund.

Network-Agenturen Zur Gruppe der Network-Agenturen gehören die Großen
der Branche. BBDO, Grey, Ogilvy, Publicis und andere Network-Agenturen sind
die Hüter der großen internationalen Etats. Der Agenturtyp des Networks zeichnet
sich dadurch aus, dass die jeweilige Landesgesellschaft Teil eines internationalen
Netzwerkes aus Agenturen ist. Dieses Netzwerk gehört in der Regel seinerseits
zu einer Holding. Die französische Netzwerkagentur Publicis agiert beispielsweise unter dem Dach einer Holding gleichen Namens, zu der unter anderem auch
die Werbeagenturen Leo Burnett und Saatchi & Saatchi sowie die Mediaagentur
Zenith-Optimedia gehören. Weitere Werbeholdings sind die britische WPP (die
Abkürzung steht für Wire and Plastic Products und verweist auf das Betätigungs-
feld der ursprünglichen Firma, die Herstellung von Einkaufskörben), zu der die
Agenturgruppen Grey Global Group, Ogilvy & Mather Worldwide, Young &
Rubicam und J. Walter Thompson gehören, die New Yorker Holding Interpublic
mit Agenturgruppen wie Draft FCB und McCann Erickson, Omnicom (BBDO,
TBWA) sowie die genannte Publicis (Saatchi & Saatchi, Leo Burnett, Publicis,
Razorfish), die japanische Dentsu und Havas aus Frankreich.

Network-Agenturen bieten in der Regel ein relativ breites Leistungsspektrum an,
verfügen also unter einem Dach nicht nur über klassische Werbeagenturen, sondern

auch beispielsweise über Dialog-, Promotion- oder Onlineanbieter. Die einzelnen Agenturen aus den Networks waren in ihren Ursprüngen häufig inhabergeführte Unternehmen. Die eigentliche und unbestrittene Stärke der großen Netzwerke liegt in deren Internationalität. Viele der Agenturnetze unterhalten Tochtergesellschaften in praktisch jedem Werbemarkt der Erde. Ihre typischen Kunden sind global agierende Konzerne, die mit ihrer Unterstützung internationale Kampagnen umsetzen. Damit kommen global tätige Großunternehmen um diesen Agenturtypen praktisch nicht herum.

Spezialisten für bestimmte Sektoren *BtoB Agenturen* erarbeiten Kampagnen oder bearbeiten Kommunikationsprojekte, die sich an Entscheider in Unternehmen und nicht an Endverbraucher richten. Sie vermarkten zum Beispiel die Produkte eines Automobilzulieferers bei Automobilherstellern oder konzipieren Messeauftritte von Chemiekonzernen. Die Bedeutung der Markenkommunikation hat auch im BtoB Sektor in den vergangenen Jahren deutlich zugenommen. Während in der Vergangenheit in diesem Bereich vor allem über Produkte und Produktqualität verkauft wurde, hat mittlerweile auch hier die Marke und deren Positionierung einen hohen Stellenwert erlangt. BtoB Agenturen bedienen dabei je nach Anforderungen des Kunden das gesamte Spektrum der Kommunikationsdisziplinen. Sie können klassischer Ausrichtung sein, einen Schwerpunkt in Online-Kommunikation haben oder sich auf andere Spezialdienstleistungen konzentrieren. BtoB Agenturen arbeiten mittlerweile ebenfalls in der Regel Disziplinen übergreifend. Auch haben klassische große Inhaber- oder Networkagenturen oft auch Kunden aus dem Bereich der BtoB- Kommunikation.

Healthcare-Agenturen haben sich auf die Kommunikation von verschreibungspflichtigen Medikamenten (RX) und frei erhältlicher pharmazeutischer Produkte spezialisiert (OTC). Sie arbeiten darüber hinaus für Dental- oder Veterinärprodukte, Functional Food, haben Kunden aus dem Bereich der Medizintechnik und Krankenversicherungen. Insofern arbeiten Healthcare-Agenturen sowohl im BtoB als auch im BtoC Bereich. Spezialistentum ist in diesem Markt ganz besonders wichtig. Verschreibungspflichtige Arzneimittel und OTC Produkte unterliegen dem Heilmittelwerbegesetz, die Produkte sind teils in hohem Maße erklärungsbedürftig. Healthcare-Agenturen sind mit dem Umgang der strengen Regularien deshalb besonders vertraut. Im Branchenverband GWA sind die Spezialisten für diese Branche in einem eigenen Forum organisiert.

Spezialisten für Kommunikationsdisziplinen Kein Bereich der Marketingkommunikation unterliegt einer ähnlichen Dynamik wie der des digitalen Marketings. Während in den Anfangszeiten des Internets Online-Marketing noch sehr klas-

sisch gedacht wurde und sich oft auf das Schalten von Werbebannern auf besonders stark frequentierten Websites beschränkte, rückte mit der Zeit immer mehr
der interaktive Charakter des Internets in den Fokus der Agenturdienstleistung.
Heute beschäftigen sich Agenturen mit viralem Marketing, Social Media, E-Mail-,
Mobile- und Affiliate-Marketing, Suchmaschinenoptimierung oder der Program-
mierung von Applikationen – kurz Apps – für Smartphones oder Tablet-Computer.
Viele der großen Online-Agenturen bieten mehrere oder alle dieser Dienstleis-
tungen an, vor allem kleinere Agenturen haben sich auf eine oder wenige dieser
Dienstleistungen spezialisiert. Die hier skizzierte Trennung zwischen Online und
Klassik findet sich somit in der Agenturrealität kaum noch wieder. Viele klassische
Kommunikationsagenturen haben eigene Units oder eigenständige Agenturen für
den Bereich Online-Marketing aufgebaut, so dass es heute kaum noch eine Agen-
tur gibt, die keine Expertise in diesem Feld ausweisen kann. Auch innerhalb der
Arbeitsprozesse findet eine Unterscheidung zwischen digital und analog immer
seltener statt.
      Es gibt Agenturen für viele weitere spezielle Kommunikationsdisziplinen wie
Public Relations, Direkt-, Event- und Telefon-Marketing, Sponsoring oder Ver-
kaufsförderung. Zu jeder dieser Disziplinen gibt es eigene Agenturen. Die meisten
Networkagenturen und die Mehrheit der großen inhabergeführten Dienstleister
verfügen unter ihrem Dach über Geschäftseinheiten oder eigenständige Unternehmen, um ihren Kunden eine möglichst integrierte, also über möglichst viele
Disziplinen abgestimmte Kommunikationsstrategie zu bieten. Eine Übersicht über
die größten Dienstleister in den jeweiligen Disziplinen bieten Rankinglisten der
Fachmedien oder die Internetseiten der jeweiligen Fachverbände (siehe Anhang).
      In der oben beschriebenen Reinform treten Agenturen selten auf. Die Regel
sind Mischformen. Kaum noch eine Agentur kann sich beispielsweise heute noch
leisten, auf ein Digitalangebot zu verzichten, viele zumal größere Agenturen de-
cken auch die Marktfelder BtoB und Healthcare mit ab.

2.3   Die Folgen der Digitalisierung

Die Veränderungen, denen sich Agenturen im Zuge der Digitalisierung ausgesetzt
sehen, erstrecken sich auf sämtliche Dimensionen der Agentur-Geschäftsmodelle.
Das alte Nutzenversprechen, das im Wesentlichen in der Kreation möglichst effektiver Kampagnen bestand, dürfte in dieser vergleichsweise simplen Reinform
heute und erst recht künftig nicht mehr zielführend sein. Auch die Art, in der Agenturen ihre Wertschöpfung erbringen, verändert sich derzeit dramatisch. Last but
not least steht auch das Ertragsmodell der Agenturen unter zunehmendem Druck.

Abb. 2.1 Der magische Quadrant der Digitalagenturen. (Quelle: Gartner 2013, S. 3)

Wie sehr die Agenturbranche gerade im Wandel begriffen ist, zeigt anschaulich eine aktuelle Studie des Marktforschungsunternehmens Gartner, in der das aktuelle Potential und die Zukunftsfähigkeit von digitalen Marketingagenturen untersucht wurde (siehe Abb. 2.1). Auch wenn die Studie den amerikanischen Markt im Blick hat – es ist schon interessant, welche Anbieter die Marktforscher unter den Begriff „Agentur" fassen. Neben Namen wie Razorfish, AKQA, R/GA und SapientNitro, die man hier durchaus erwarten durfte, zählen die Gartner-Marktforscher auch Unternehmen wie IBM Interactive und Accenture zu den „digitalen Marketing-Agenturen" mit besonders viel Potential.

Noch vor wenigen Jahren wäre wohl niemand auf diese Idee gekommen, geschweige denn, diese Unternehmen als „Agenturen" zu bezeichnen. Die Schnittstelle zwischen Marketing-Kommunikation und IT wächst, ihr Volumen wird in Studien mittlerweile auf rund 380 Mrd. $ geschätzt.

Es ist also erkennbar, dass sich auch die Geschäftsmodelle der Agenturen derzeit dramatisch verändern. In der Zeit vor der Digitalisierung war die Sache klar: Das Nutzenversprechen einer Agentur lag eindeutig auf Seite der Kreation (vgl. Nöcker 2013, S. 129 ff.). Eine Agentur lieferte die Ideen für Fernsehspots und Printwerbung und setzte diese um. Am Anfang geschah dies noch in der Architektur des Full-Service-Anbieters, die Kampagne wurde also von der Agentur erdacht, gestaltet, umgesetzt und am Ende auch in den Medien geschaltet. Das Ertragsmodell war so simpel wie ergiebig: Die Agentur erhielt 15 Prozent der Medialeistung als Honorar. Später traten Pauschal- und Projekthonorare hinzu. Heute sehen die Agenturmodelle teils schon völlig anders aus, und es ist zu erwarten, dass sich hier noch mehr verändert. Denn das Umfeld ändert sich dramatisch und in hohem Tempo. Im Folgenden soll aufgezeigt werden, welche Veränderungen die Digitalisierung für die Marketing-Kommunikation hat und wie Agenturen darauf reagieren.

Digitalisierung heißt nicht nur einfach, dass neue Kommunikationskanäle zu den traditionellen Kanälen hinzugetreten sind. Wir haben es vielmehr mit weitreichenden und auch qualitativen Veränderungen zu tun. Dazu zählen die folgenden Punkte, die hier nur als Beispiele dienen sollen.

Ein neues Markenverständnis Markenstärke ist längst nicht mehr allein das Ergebnis von Markenkommunikation. Sie ist aus Kundensicht das Ergebnis einer umfassenden Kommunikations- und Produkterfahrung. Wenn eine Fluggesellschaft von Geschäftsreisenden vor allem deshalb oft gebucht wird, weil sie über die komfortabelste „App" verfügt, mag dies als Beispiel für diese These dienen. Auch die vielfältigen Möglichkeiten der Bewertung von Unternehmen im Netz sind hier zu nennen. Die Marke hat als Qualitätssignal ihre Monopolstellung verloren. Die Zeiten, in denen positiv besetzte Marketing-Kommunikation in der Öffentlichkeit und negatives Feedback von Kunden im Verborgenen – und damit ohne spürbaren Effekt auf die Marke – stattfanden, sind endgültig vorbei. Unternehmen müssen mehr denn je darauf achten, dass ihre Kunden an jedem „Customer Touchpoint" ein möglichst identisches Markenerlebnis haben.

Transaktion folgt Kommunikation Ein wichtiger Effekt der Digitalisierung ist das Zusammenrücken von Kommunikation und Vertrieb. Vor der Digitalisierung war der Medienbruch zwischen Marketing-Kommunikation und Vertrieb typisch. Werbung fand in Zeitungen und Zeitschriften, im Fernsehen und im Kino statt, gekauft wurde im stationären Einzelhandel. Heute kaufen Konsumenten immer häufiger dort, wo zuvor auch kommuniziert wurde – die Transaktion ist nur einen Klick entfernt und dank mobiler Endgeräte im Prinzip überall möglich. Kommunikationsagenturen sind damit im digitalen Umfeld immer häufiger auch mit Vertriebsthemen befasst und somit verstärkt auch an der Schnittstelle von digitaler Kommunikation und E-Commerce tätig.

The Segment of One – Zielperson statt Zielgruppe Kundensegmentierung und die gezielte Ansprache der identifizierten Segmente mit eigenen Angeboten sind keine neuen Erfindungen. Die Digitalisierung versetzt Unternehmen und Agenturen aber im Prinzip in die Lage, jeden einzelnen Konsumenten als Segment zu identifizieren und anzusprechen. Das erhöht die Relevanz der Kommunikations- und Produktangebote aus Konsumentensicht in vielen Fällen enorm. Über die Eignung dieser individualisierter Kundenansprache muss allerdings je nach Kommunikationsaufgabe entschieden werden. Zudem bleibt abzuwarten, inwieweit Datenschutzbestimmungen oder die Reaktanz der Konsumenten hier Grenzen setzen.

Das Ende der „Kampagne" Ein Kunde hat heute dank digitaler Kommunikationswege viel mehr mögliche Berührungspunkte mit einer Marke als früher. Viele dieser Berührungspunkte lassen zudem einen Dialog zu. In diesem Umfeld auf „Kampagnen", also zeitlich befristete Ein-Weg-Kommunikation zu setzen, erweist sich als immer weniger zielführend. Marketingkommunikation muss den Konsumenten in seinem jeweiligen Kaufprozess (Customer Journey) begleiten. Dies hat zum einen organisatorische und technische Folgen, etwa beim Management der entsprechenden Agenturprozesse, betrifft aber auch die inhaltliche Ausrichtung der Marketing-Kommunikation. Agenturen und Unternehmen müssen Inhalte produzieren, die aus Sicht des Konsumenten auf der jeweiligen Stufe des Kaufprozesses relevant sind.

Marketing und IT als Partner Auch auf Seite der Agenturkunden ergeben sich im Zuge der Digitalisierung massive Veränderungen. Schon zuvor war die Silo-Organisation vieler mit Marketing-Kommunikation befasster Abteilungen auf Unternehmensseite ein Hindernis auf dem Weg zu einem integrierten und einheitlichen Markenauftritt. Dieses Problem hat sich eher verschärft. Denn nun müssen Marketing und IT, zwei Abteilungen, die in der Vergangenheit eher nicht durch starke Kooperationstätigkeit aufgefallen waren, plötzlich eng zusammenrücken. Das geht nicht immer friktionslos vonstatten, denn die inhaltliche Ausrichtung und die jeweilige Kultur beider Abteilungen unterscheiden sich teils doch stark voneinander.

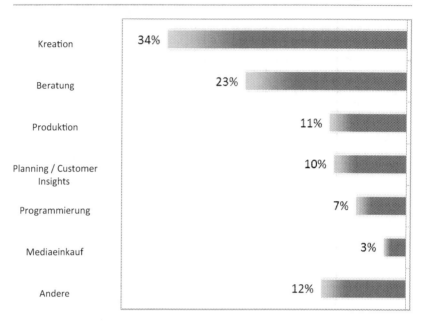

Kreation 34%

Beratung 23%

Produktion 11%

Planning / Customer Insights 10%

Programmierung 7%

Mediaeinkauf 3%

Andere 12%

Abb. 2.2 Wertschöpfungsarchitektur von Agenturen heute (Anteil einzelner Prozessschritte am Gross Income). (Quelle: GWA 2014a, S. 28)

Neue Agenturmodelle Über alle Agenturtypen in ihren je unterschiedlichen Ausprägungen hinweg lässt sich sicher feststellen, dass Kommunikationsagenturen das Management der Schnittstelle zwischen Unternehmen und deren Kunden als Kernaufgabe übernehmen. Folgende Abbildung (siehe Abb. 2.2) zeigt die Wertschöpfungsarchitektur der Agenturen zum heutigen Zeitpunkt. Es sind hier für die kommenden Jahre Verschiebungen zu erwarten.

Im Mittelpunkt steht dabei nach wie vor die Idee. Agenturen liefern Ideen und deren kreative und mediale Umsetzung. Dies sind und waren die Kernkompetenzen der Agenturen. Daran wird sich in Zukunft grundsätzlich nicht viel ändern. Wohl aber an der Gewichtung und an der Komplexität dieser Aufgabe. Des Weiteren werden Agenturen zusätzliche Rollen übernehmen, die sie in der Vergangenheit so nicht innehatten, und dazu neue, ergänzende Kompetenzen aufbauen müssen (vgl. hierzu auch Averdung 2014, S. 39 ff.).

„Kreativer Berater" Angesichts der wachsenden Komplexität von Marketing-Kommunikation im digitalen Zeitalter ist zu erwarten, dass der Beratungsbedarf auf Unternehmensseite deutlich steigt. Wie verknüpft man heute Kommunikation und Vertrieb, vor allem im digitalen Umfeld? Wie begleitet man den Konsumenten über sämtliche Berührungspunkte mit der Marke hinweg? Wie nutzt man Big Data zielführend für die Marketing-Kommunikation? Mit dem Bedeutungszuwachs solcher Fragen auf Unternehmensseite einhergehend wird auch das Gewicht der Beratung in der Wertschöpfungskette von Agenturen deutlich zunehmen. Dazu kommt als weiterer Aspekt, dass sich das kreative Potential von Agenturen in weitaus stärkerem Maße nutzen lässt als traditionell geschehen. In vielen Fällen arbeiten Agentur und Unternehmen auf Feldern zusammen, die über das Thema Marketing-Kommunikation hinausgehen, wie beispielsweise die Produktentwicklung.

„Kreativer Datenanalyst" Kunden- und Transaktionsdaten gewinnen für die Marketing-Kommunikation immer mehr an Bedeutung (vgl. hierzu ausführlich Maex 2012). Diese Daten auch für die Marketing-Kommunikation zu nutzen, wird immer mehr auch zur Aufgabe der Agenturen. Was fängt man beispielsweise mit den Bewegungsdaten einer markenbezogenen App an? Hier gibt es ein neues Anwendungsfeld für die Kernkompetenz von Agenturen, also für die Kreation. Es ist allerdings fraglich, ob Agenturen die hierfür notwendigen Kompetenzen selbst vorhalten müssen. Der Aufbau von IT-Strukturen für die Auswertung großer Datenmengen dürfte viele Agenturen überfordern. Hier sind Kooperationen ein geeignetes Mittel.

„Kreativer Generalunternehmer" Die starke Auffächerung der digitalen Kommunikationswege hat eine Vielzahl von spezialisierten Agenturen hervorgebracht. Daraus folgt ein gewachsener Koordinationsbedarf auf Kundenseite. Einige Kunden übertragen diese Aufgabe Agenturen. Agenturen übernehmen die Rolle des „kreativen Generalunternehmers", der – ähnlich des früheren Konzepts der „Lead-Agentur" – für den Kunden die Koordination und Führung verschiedener Kommunikations-Spezialisten übernimmt. Die Dynamik und Komplexität der digitalen Marketingkommunikation wird auch von Agenturen nicht immer in Gänze mittels eines eigenen Angebots zu bewältigen sein. Denn die für die Lösung von Kommunikationsproblemen heute erforderlichen Spezialisten können weder Unternehmen noch Agenturen ständig vorhalten. Auf diese Weise entstehen Organisationen, die als „fluide Netzwerke" bezeichnet werden (vgl. Henderson 2010, S. 81 ff.). Agenturen, die so aufgestellt sind, verfügen über eine vergleichsweise schlanke Wertschöpfungsarchitektur mit Fokus auf Strategie, Beratung und Kreation, überlassen die Umsetzung aber ihren Netzwerkpartnern. Die Bedeutung von Kooperationen wird für Agenturen folgerichtig zunehmen. Ein Beispiel: Die Investments in die Analyse großer Datenmengen kann und sollte eine Agentur nicht tragen. Umgekehrt dürfte es für viele IT-Dienstleiter aus historischen und kulturellen Gründen

schwierig sein, sich glaubwürdig als Kreativagentur zu positionieren. Kooperationen erscheinen hier als strategisch richtige Lösung.

Die Agentur als Mediator Im Sinne einer ganzheitlichen – oder auch integrier-
ten/orchestrierten/360-Grad – Markenführung hatten Agenturen immer schon auch
die Rolle als Mediator zwischen den einzelnen Kommunikationssilos ihrer Kunden
inne. Die Digitalisierung hat die Bedeutung dieser Rolle verstärkt. Denn mehr denn
je greifen einzelne Kommunikationskanäle heute ineinander. Zudem gibt es eine
neue wichtige Schnittstelle, die sogar über die einzelnen Kommunikationsdisziplinen hinaus reicht. Die Rede ist von der Schnittstelle zwischen Marketing(-kom-
munikation) und IT. Agenturen sind für die Rolle des Mediators gut geeignet, weil
sie im Idealfall beide Sprachen sprechen und beide Abteilungskulturen kennen.

Die Agentur als Change Agent Agenturen verkaufen nicht mehr allein Gewerke,
also beispielsweise Kampagnen. Sie helfen ihren Kunden vielmehr immer häufiger
bei der digitalen Transformation von deren Geschäftsmodellen. Auch Unternehmen müssen sich mit der Frage auseinandersetzen, welche Folgen die Digitalisierung für ihre Marketing-Prozesse hat und sich entsprechend neu aufstellen. Die
„Kampagne" verliert an Bedeutung gegenüber permanenter und Dialog-orientierter
Kommunikation, die sämtliche Customer-Touchpoints einbezieht. Dieser Wandel
schlägt sich auch in Reorganisationserfordernissen auf Unternehmensseite nieder.
Agenturen sind hier wegen ihres Erfahrungs-Know-hows ideale Sparringspartner.

Im digitalen Zeitalter kommt den Agenturen eine wachsende Bedeutung zu –
sofern sie richtig aufgestellt sind, also über das richtige Geschäftsmodell verfügen. Das wesentliche Nutzenversprechen der Agenturen bleibt dabei sicherlich die
Kreativleistung. Diese wird sich aber nicht auf die Gestaltung von Kampagnen in
Print, TV und Online beschränken. Sie wird sich beispielsweise auch darauf richten, aus großen Mengen Daten für den Konsumenten relevante Angebote zu entwickeln. Trotz aller technischen Möglichkeiten – es bleibt die Idee, die ein Angebot
vom anderen unterscheidbar macht. Heute gibt es etwa dank „Big Data" viel mehr
Erkenntnisse über die „Customer Journey" als jemals zuvor. Doch dieses Wissen
allein nutzt nichts, wenn man es nicht für kreative Wege der Kundenansprache
nutzt. Was hat ein Händler davon, wenn er dank der Auswertungen von GPS-Daten
weiß, wie lange sich ein Kunde in seinem Geschäft aufhält? Wie kann er dieses
Wissen, im Kontext des gesamten Markenauftritts, in aus Kundensicht relevante
Angebote umsetzen? Die Kompetenzen zur Lösung dieser Frage braucht kreative
Kompetenz, und die liegt auf Agenturseite.

Die Auswahl einer Agentur

3.1 Vorausgehende Überlegungen

Bevor man den Auswahlprozess startet, sollte man einige wichtige Punkte erwägen. Dazu zählt die Klärung folgender Fragen:

Worum geht es? Es ist im Vorfeld zu klären, für welchen Aufgabenumfang die Agentur eigentlich benötigt wird. Das klingt trivial und selbstverständlich, in der Praxis gibt es aber immer wieder Agenturauswahlprozesse, bei denen genau diese Frage im Vorfeld vom Unternehmen nicht hinreichend geklärt wurde. Dies hat schwerwiegende Nachteile. Nur wenn die Aufgabenstellung und das dafür zur Verfügung stehende Budget wirklich klar sind, kann das Unternehmen beziehungsweise das Marketing einen Kriterienkatalog entwickeln, nach dem dann die entsprechende Agentur ausgewählt werden kann.

Welche Rolle hat der Einkauf/ das Procurement? Die Einkaufsabteilung spielt auch bei der Beauftragung von Agenturen eine zunehmend wichtigere Rolle. In vielen Fällen bezieht die Fachabteilung den Einkauf aber erst sehr spät in den Auswahlprozess hinein. Dieses Vorgehen wird gemeinhin als nicht ideal angesehen. Unternehmen sollten sich frühzeitig darüber klar werden, wann der Einkauf einbezogen wird und wie die Rollen zwischen ihm und der Fachabteilung verteilt sind.

Soll ein externer Berater hinzugezogen werden? In Großbritannien und in den Vereinigten Staaten ist der Markt für Unternehmensberater, die Unternehmen bei der Auswahl von Agenturen unterstützen, weit entwickelt. So hat der

© Springer Fachmedien Wiesbaden 2015
R. Nöcker, *Agenturauswahl*, essentials, DOI 10.1007/978-3-658-07336-7_3

amerikanische Branchenverband AAAA gut 500 dieser Berater zertifiziert (siehe hierzu die Website des Verbands www.aaaa.org/Pages/default.aspx). In Deutschland ist dieser Markt noch nicht in vergleichbarem Maße entwickelt und wird von wenigen Anbietern beherrscht. Die Qualität der Dienstleistung dieser Berater wird zudem noch teils relativ kritisch gesehen. Im Prinzip erbringen die „Unternehmensberatungen für Agenturauswahl und -management", wie sie sich gerne nennen, jedoch eine wertvolle Dienstleistung. Angesichts der großen Zahl an Kommunikationsagenturen und auf Kommunikationsfragen spezialisierten Anbieter fällt es Unternehmen zunehmend schwerer, sich zurechtzufinden. Zudem bindet der Auswahlprozess Ressourcen, die eine Auslagerung dieser Aktivität an spezialisierte Dritte sinnvoller erscheinen lassen. Zu den größeren Anbietern in diesem Markt gehören die Hamburger Cherrypicker sowie Roth Observatory.

Zehn Sätze, die alles entscheiden können: Über die Zusammenarbeit mit einer Agentur. Von Uwe Hellmann, Leiter Brand Management, Commerzbank

Der erste Satz im Briefing an die Agentur lautet oft: „Seien Sie mutig!" Ein guter Vorsatz, denn Sie wollen ja eine „ganz außergewöhnliche Kampagne" entwickeln lassen. Wenn Sie diese Devise aber in der Prämisse vom Briefing ausgeben, dann seien Sie vorsichtig, denn das Thema kommt ganz schnell zu Ihnen zurück. Spätestens wenn die Agentur ihre Kreationen präsentiert, sind Sie gefragt und Sie müssen darauf vorbereitet sein! Haben Sie dann eine wirklich starke Aussage, die mit Inhalten gestützt ist und an der Sie gemessen werden können? Dann haben Sie die Basis und können vorangehen. Aber machen Sie nicht den Fehler und trauen sich dann nicht mehr. Also: Nicht nur die Agentur zu großen Ideen auffordern, sondern seien Sie auch bereit, große Ideen umzusetzen!

Der zweite Satz: „Gehen Sie da mal völlig offen ran" Das wird gerne postuliert, setzt aber die Bereitschaft voraus, auch revolutionäre Wege zu beschreiten – inhaltlich, formal, medial. Und es führt möglicherweise zu Vorschlägen, die bei genauerer Betrachtung von vornherein ausgeschlossen werden können. Sie als Kunde haben die Erfahrung, auf welche Tonalität Ihre Zielgruppen ansprechen, oder welcher Medienmix Erfolg bringen könnte. Lassen Sie der Agentur also Raum bei der Kreation, ziehen Sie dafür aber die passenden „Leitplanken". Sind diese zu weit, wächst die Gefahr, dass die Agentur an den Vorstellungen des Auftraggebers vorbeiarbeitet. Wenn diese aber zu eng gefasst sind, wird schnell eine Chance vertan, bahnbrechende Wege zu beschreiten. Wer wirklich nach Neuem sucht, für den ist dieser zweite Satz unverzichtbar.

Der dritte Satz im Briefing: „Das muss ganz schnell gehen" Je nach Humor des Auftraggebers ist dieser Satz mit der Aussage begleitet: „Am Wochenende haben Sie ja sowieso nichts vor, oder?" Stellen Sie ein realistisches Timing auf, für sich und für die Agentur. Bedenken Sie: keine Arbeit dieser Welt ist mit dem ersten Wurf perfekt und hinterher will keiner Ausreden hören wie: „wir hatten nicht viel Zeit" oder „uns fehlten Kapazitäten für die letzten Ausarbeitungen". Nehmen Sie sich Zeit für die internen Abstimmungen, beachten Sie auch Nuancen im Feedback und fragen Sie sich, Ihr Team und auch die Agentur immer wieder: ist das Ergebnis wirklich perfekt?

Der vierte Satz: „Das Angebot muss deutlich günstiger als das vorherige sein." Sie wollen herausragende Arbeiten? Kreationen und Kampagnen, die exzellente Marktforschungswerte hervorbringen, die Verkaufszahlen in die Höhe schnellen lassen und auch noch Preise gewinnt? Dann müssen Sie bereit sein, auch faire Honorare zu bezahlen. Damit sind angemessene Honorare gemeint, die sowohl für den Auftraggeber als auch für die Agentur akzeptabel sind und die Ihnen garantieren, dass Sie nicht nur Junioren oder Praktikanten in Ihrem Team haben. Natürlich haben die Agenturen irgendwann aus Gründen der Gewinnmaximierung begonnen, nur noch wenige Senioren im Team zu haben und viele Junioren. Der gesamte Mittelbau, also Designer und Berater mit Erfahrung im mittleren Alter wurden als zu teuer abgebaut. Fatal für die Agentur und deren Leistungen. Ein gutes Team zu einem fairen Preis, das sollte für beide Seiten eine gute Lösung sein.

Der fünfte Satz: „Kunden-Briefing ist zugleich Kreativ-Briefing". Ein fataler Irrtum. Der Berater muss in der Tat „alles" wissen. Kreative dagegen möchten keine Romane lesen, sondern wollen die wichtigsten Eckpunkte kennen. Im Kreativ-Briefing erfahren die Inhalte des Kunden-Briefings eine Zuspitzung, Fokussierung und Vereinfachung, die für den weiteren Kreationsprozess wichtig und erfolgskritisch ist. Daher: Wenn die Agentur ihrem Auftraggeber das Kreativ-Briefing zum Gegencheck gibt, sollte es ausschließlich um das Verständnis der Aufgabe gehen. Wenn die Agentur im Kreativ-Briefing zeigt, dass sie das Kunden-Briefing versteht und richtig deutet, prima. Ein „Weichspülen" des Kreativ-Briefings hat dagegen schon aus so manch gutem Ansatz eine belanglose Kampagne gemacht.

Der sechste Satz: „Ach ja, hatte ich schon gesagt, dass es ein Pitch ist?" Sie benötigen in kürzester Zeit viele Lösungen und sind sowieso mit Ihrer Agentur latent unzufrieden: okay, da kann ein Pitch das probate Mittel sein. Aber nur um den Wettbewerb anzuheizen ist dieses Druckmittel eher ungeeignet. Wenn es ein offizieller Pitch ist, dann nutzen Sie die Situation, um alle Agenturen inhaltlich gut zu führen und Sie werden sehen, dass es sich lohnt. Je mehr Sie in inhaltliche Auseinandersetzung im Team investieren, desto mehr bekommen Sie zurück.

Der siebte Satz: „Sie (die Agentur) wissen schon, wofür wir stehen und wohin wir wollen. Das brauchen wir ja nicht mehr aufzuschreiben, oder?" Wenn Sie das Briefing und die darin zusammengefassten Inhalte nicht ernst nehmen, dann kann es die Agentur auch nicht. Schwammige Schnell-Briefings per Telefon oder per E-Mail, in denen die wesentlichen Fragen nicht geklärt werden, führen selten zu guten Ergebnissen. Das Resultat einer Kampagnen-Entwicklung wird immer nur so gut sein wie Ihr Input. Je präziser Sie sich im Briefing ausdrücken, desto fokussierter kann auch die Agentur arbeiten. Zusätzlich gilt: Ein gutes Briefing umfasst nicht mehr als eine Seite, auf der alle Kernaussagen zusammengefasst sind. Hat Ihnen womöglich die Produktabteilung nicht alle Fragen beantwortet, sind ganze Themen wie Alleinstellungsmerkmale nicht geklärt, dann gehen Sie zurück und klären es. Nur so bekommen Sie die klaren Aussagen, die Sie dann auch in der Kampagne wiederfinden (können).

Der achte Satz: „Die Idee ist ja gar nicht komplett ausgearbeitet. Wie soll ich das denn so bewerten?" Die Agentur hat konzeptionelle Ansätze präsentiert – wenn Sie meinen, diese sind weder fertig und noch klar genug, macht nichts. Schauen Sie, was darin an interessanten Ansätzen sein könnte! Es gibt oft einen inhaltlichen Kern, der verfolgungswürdig ist. Den müssen Sie erkennen und an ihm müssen Sie weiterarbeiten. Bis die Story perfekt ist.

Der neunte Satz: „Marke verkauft nicht. Die Kampagne muss möglichst aggressiv Produkte abverkaufen". Ein Satz, wie er immer wieder in Unternehmen zu hören ist. Entweder wird leidenschaftlich für eine Produktkampagne argumentiert, die verkaufen muss. Und darum geht es ja schließlich, oder? Oder es wird für reine Image-Kampagnen argumentiert, die sich nicht in kleinteilige Produktniederungen verirren. Großartig! Dabei ist die Lösung so einfach: integrierte Marken – und Produktkampagnen! Wenn Sie ausschließlich in schnelles Absatzmarketing investieren, werden Sie auch immer nur kurzen Impact generieren können. Rein promotionales Abverkaufen erzeugt zwar meistens helle Strohfeuer in Form von guten Absatzzahlen, aber Sie tun nichts für einen langfristigen Markenaufbau, der sicherstellt, dass sich Ihre Marke vom Wettbewerb differenziert, grundsätzliche Sympathie für die Marke aufbaut und so dafür sorgt, dass die Marke nachhaltig im

Relevant Set ihrer Kunden und Nicht-Kunden ist. Und das nicht nur, wenn es seine Produkte zu Dumpingpreisen anbietet. *Der zehnte Satz: „Wir haben Ihnen doch so viele tolle Vorteilsargumente geliefert. Die sind ja gar nicht alle in der Kampagne zu sehen oder zu hören!"* Die meisten Briefings sind eher zu lang als zu kurz, überfrachtet mit kreativ nicht verwertbaren Informationen, die nicht auf den Punkt kommen, oder aus denen nicht hervorgeht, was der Kunde konkret will. Oder die zehn Kernaussagen enthalten, die natürlich alle genannt werden müssen. Wahrscheinlich sind auch alle gleich wichtig! Fatal. Konzentrieren Sie sich auf drei relevant differenzierende Kernaussagen, wenn überhaupt. Wenn Sie das nicht tun, dann haben Sie zwar hinterher eine Kampagne, in der brav alle Punkte enthalten sind, aber spätestens in der Marktforschung werden Sie sehen, welche Botschaften wirklich angekommen sind. Probieren Sie es aus, es ist erschreckend einfach und so spannend. Viel Erfolg und vergessen Sie nicht: wir Menschen haben einen Verstand und wir haben Gefühle. Nur wenn wir beide Welten ansprechen, erreichen wir die Menschen. Wie im richtigen Leben und in der Liebe.

3.2 Auswahlkriterien

Studien des GWA zeigen, dass die persönliche Empfehlung bei der Auswahl einer Kommunikationsagentur immer noch am häufigsten den Ausschlag gibt (vgl. etwa GWA 2009). So verständlich es ist, dass man sich auf die Meinung anderer verlässt, so wenig objektiv ist dieses Vorgehen. Zumal die Erwartungen, die verschiedene Marketing-Verantwortliche an ihre Agentur haben, sich deutlich voneinander unterscheiden können. Und was den einen zufrieden stellt, hat sich der andere vielleicht ganz anders vorgestellt. Am Anfang des Entscheidungsprozesses sollte der potentielle Auftraggeber also seine Erwartungshaltung genau definieren: Soll ein Projekt bearbeitet werden? Erwartet man umfassende Beratung bei der Lösung eines Kommunikationsproblems und eine möglichst langjährige Partnerschaft? Wird Betreuung durch die erste Leitungsebene der Agentur erwartet? Soll die Agentur am Erfolg der Kampagne beteiligt werden? Nachdem diese Erwartungen definiert wurden, lassen sich Kriterien benennen, anhand derer die Agentur ausgewählt wird. Im Folgenden wird auf einige dieser Kriterien eingegangen.

Referenzen Einen ersten Eindruck darüber, ob die Agentur zum Unternehmen passt, bieten meist Listen der bestehenden und ehemaligen Kunden der Agentur. Solche Listen befinden sich in der Regel auf den Websites der Agenturen. Referenzlisten der GWA Agenturen sind umfangreich auf der Homepage des Agenturverbands GWA (www.gwa.de) enthalten oder im GWA Jahrbuch und der dazugehörigen App (*siehe GWA 2013*).

Platzierung in Rankings Awards sind eine wichtige Währung in der Werbebranche. Agenturen, die viele Auszeichnungen auf Werbefestivals wie in Cannes oder beim Art Directors Club (ADC) gewinnen, erringen damit hohe Platzierungen in den einschlägigen Kreativ-Ranglisten der Fachtitel. An solchen Ranglisten orientieren sich wohl immer noch viele Werbung treibende Unternehmen, wenn sie eine Agentur auszuwählen haben. Durch den Wegfall des Umsatzrankings als Folge der verschärften amerikanischen Börsenregeln haben Kreativrankings als Orientierung im Markt an Bedeutung gewonnen. Allerdings wurden zuletzt Stimmen lauter, die an der Sinnhaftigkeit der vorhandenen Rankings zweifeln. Denn die vorhandenen Listen berücksichtigen jeweils eine relativ große Zahl von Festivals. Um hier auf vordere Plätze zu gelangen, muss eine Agentur bei mindestens 30 Wettbewerben einreichen. Die bestehenden Rankings liefern zudem seit Jahren ein verzerrtes Bild der Branche. Sie berücksichtigen oft kaum miteinander vergleichbare Wettbewerbe. Als Konsequenz dieser Entwicklungen nehmen manche Agenturen an weniger Wettbewerben teil als andere und einige steigen ganz aus. GWA und ADC haben mit einer gemeinsamen Initiative auf diese Diskussionen reagiert. Die beiden Verbände erstellen künftig jeweils eigene Kreativ- und Effektivitätsrankings für Kommunikationsagenturen in Deutschland, um damit dem Markt sehr effizient mehr Orientierung zu geben. Beide Rankings stützen sich nur auf sehr wenige Wettbewerbe. Das ADC Kreativranking berücksichtigt mit den Cannes Lions, dem LIAA, der One Show, dem D&AD und dem ADC Deutschland die fünf renommiertesten internationalen und nationalen Wettbewerbe. Dabei handelt es sich um Wettbewerbe, die höchsten Kreativ-Standards verpflichtet sind und jeweils die gesamte Breite moderner Kommunikation abbilden. Der GWA hat parallel ein Effektivitätsranking erstellt, das die Agenturen nach ihren Erfolgen bei den wichtigsten nationalen und internationalen Effektivitäts-Wettbewerben sortiert. In dieser Auflistung kommen neben dem GWA-Effie auch der Euro- und Global EFFIE, die Cannes Creative Effectiveness Awards und die AME Awards des New York Festivals zum tragen. Beide Rankings werden gemeinsam auf den jeweiligen Websites und im Handelsblatt publiziert, mehrmals im Jahr aktualisiert und sind für Marketingentscheider permanent auf adc.de und gwa.de abrufbar.

Persönliche Chemie Eine gemeinsam von der Fachzeitschrift „Absatzwirtschaft" und dem GWA durchgeführte Studie zeigt, wie hoch die Relevanz persönlicher Beziehungen bei der Agenturauswahl ist. 81 % der Befragten gaben dabei an, bei der Agentursuche vor allem auf persönliche Beziehungen zu setzen. Damit sind persönliche Kontakte das wichtigste Medium bei der Agenturauswahl, gefolgt von Empfehlungen. Die Chemie zwischen Agenturmitarbeitern und Mitarbeitern des Werbung treibenden Unternehmens gehört zu den wichtigsten Kriterien bei der Beurteilung der Kunde-Agentur-Beziehung, ergab die Studie weiter. Es ist also von entscheidender Bedeutung, bei der Agenturauswahl einen persönlichen Kontakt zu den relevanten Mitarbeitern in der Agentur aufzubauen.

Regionale Präsenz Häufig suchen sich Unternehmen eine Agentur in ihrer Nähe, um den direkten persönlichen Draht zu haben. Bei sehr großen Kunden gründen Agenturen sogar teils Niederlassungen vor Ort, um die optimale Betreuung zu gewährleisten. Tendenziell nimmt die Bedeutung dieses Kriteriums aber dank moderner Kommunikationsmittel ab. Anders sieht das natürlich bei sehr großen internationalen Etats aus. Hier ist internationale Präsenz der betreuenden Agentur von entscheidender Bedeutung. Internationale Agenturgruppen („Networks") bieten diese internationale beziehungsweise globale Abdeckung.

Mitgliedschaft in einem Verband Auch Kommunikationsagenturen sind in Standesvertretungen organisiert. Viele Spezialdisziplinen wie PR und Dialogmarketing sind in eigenen Verbänden organisiert. Übergreifend tätig ist vor allem der Gesamtverband Kommunikationsagenturen GWA tätig. Im GWA sind die großen und wichtigen Player der Branche organisiert. Relativ strenge Aufnahmekriterien sorgen dafür, dass die Mitgliedsagenturen für ein hohes Qualitätsniveau stehen. GWA Agenturen sind durch die Bank in der Lage, Marken zu führen und die gesamte Wertschöpfungskette von der Strategie über die Kreation bis zur Umsetzung abzubilden. Reine Produktions- oder Umsetzungsspezialisten finden im Verband keine Aufnahme.

Fünf Best-Practice-Tipps für eine erfolgreiche Agenturauswahl. Von Jan-Piet Stempels, Regional Managing Partner Germany, CEE & CIS Roth Observatory
Ein wichtiger Hinweis vorab: für die Auswahl des richtigen Agenturpartners sollten Sie ebenso viel Zeit und Geld wie für die Suche nach einem Top Manager für Ihr Unternehmen investieren. Schließlich beansprucht eine Agentur nicht nur ihr jeweiliges Honorar, sondern auch die wertvolle

Zeit Ihres Marketingteams und weitere Budgetressourcen für die Umsetzung Ihrer Markenkommunikation. Entsprechend sollten Sie die folgenden fünf Aspekte bei der Auswahl Ihrer zukünftigen Agentur auf jeden Fall realisieren:

1. *Anforderungen und Ziele aussagekräftig priorisieren:* Starten Sie nicht in den Agentur-Auswahlprozess, bevor Sie nicht vorab die inhaltlichen, organisatorischen und budgetären Anforderungen an den zukünftigen Dienstleister identifiziert und gewichtet haben. (Was muss die Agentur leisten? Welche Agentur kann sich Ihr Unternehmen leisten? In welchen Leistungsdimensionen muss die Agentur ausreichend fundierte Expertise vorweisen können? Etc.).

2. *Agenturleistungen stringent im Anforderungskontext bewerten:* Die von Ihnen gewichteten Erwartungen an die Agenturleistungen definieren das Bewertungsraster, nach dem Sie die abgefragten Agentur-Credentials einheitlich bewerten sollten. In diesem Zusammenhang sind vor allen Dingen zwei Aspekte wichtig: bitten Sie die Agenturen, nur Arbeiten vom tatsächlich für Sie relevanten Standort zur Bewertung zu schicken und bestehen Sie außerdem darauf, dass die Arbeitsbeispiele nicht älter als zwei Jahre alt sind. Werbung ist ein schnelles Geschäft und die Erfolge von vor drei, vier Jahren haben nicht selten Mitarbeiter erzielt, die gar nicht mehr bei der Agentur beschäftigt sind.

3. *Die Agentur(en) vor Ort besuchen:* Unsere Kunden sind uns im Nachgang meist sehr dankbar dafür, dass wir sie davon überzeugen konnten, die Agenturen vor Ort zu besuchen. Schließlich sagt ein direkter Kontakt mehr als 10 Case-Spots und 100 Charts. Bei einem Besuch vor Ort erleben Sie mit allen Sinnen, was die Agentur ausmacht – und was nicht. Herrscht ein frisches, offenes Klima? Wie gestaltet sich das erste Gespräch mit Ihrem potenziell zukünftigen Kundenberater? All diese eminent relevanten Fragen werden in kürzester Zeit unmissverständlich beantwortet – jedoch nur, wenn Sie sich mindestens 60 Minuten Zeit für einen Besuch vor Ort nehmen.

4. *Arbeitsebenen und Strukturen der Agentur kennenlernen:* Menschen und Arbeitsweisen müssen ebenso zu Ihrem Marketingteam passen wie die kreative und strategische Expertise eines Agenturanbieters. Deshalb ist das persönliche Kennenlernen der Hierarchiestufen jenseits der GF-Ebene ein besonders wichtiger Baustein für Ihre finale

> Entscheidung. (Stimmt die Chemie und die fachliche Expertise (auch)
> auf der Arbeitsebene, sollten Sie die Strukturen und Prozesse der
> Agentur kritisch hinterfragen. Sind Projektmanagement-Standards
> institutionalisiert? Wird mit einer modernen Workflow-Software
> gearbeitet, die auch für Sie und Ihr Team evtl. kompatibel ist? Oder
> herrscht fröhliches aber unprofessionelles Chaos?)
> 5. *Ihrer inneren Stimme zuhören:* Bunte Bilder, unterhaltsame Spots und
>   kühne Visionen gehören zum legitimen 1 × 1 der Agenturvermark-
>   tung. Prüfen Sie die Leistungen auf Ihre konkreten Anforderungen
>   bzw. die Anforderungen Ihrer Zielgruppen, treffen Sie die Menschen
>   hinter den Kampagnen und hören Sie danach auch auf Ihren Bauch –
>   und gegebenenfalls Ihren Pitchberater.

3.3   Der Pitch – Königsweg zur neuen Agentur?

Der Pitch ist für alle Beteiligten der mit Abstand aufwändigste Weg zur neuen
Agentur. Trotzdem erfreut sich das Instrument, möglicherweise mangels Bekannt-
heit der Alternativen, großer Beliebtheit. Wobei dies vor allem für die Seite der
Werbung treibenden Unternehmen gilt. Eine Studie der auf Agenturmanagement
spezialisierten Unternehmensberatung Cherrypicker ergab, dass die Agenturen
75 % der Einladungen zum Pitch ablehnen (!). Bevor man Agenturen zu einer
Wettbewerbspräsentation beziehungsweise zum Pitch einlädt, sollte man sich über
folgende Fragen klar werden:

Ist der Aufwand überhaupt gerechtfertigt? Pitches sind en vogue. Tatsächlich
sollte aber genau geprüft werden, ob der Aufwand gerechtfertigt ist. Anlass für
eine Wettbewerbspräsentation sollte die Vergabe eines größeren Auftragsvolumens
sein. Dass Pitches nicht veranstaltet werden sollten, um sich ein paar frische Ideen
präsentieren zu lassen, ohne dass eine konkrete Auftragsvergabe an eine der prä-
sentierenden Agenturen überhaupt geplant ist, versteht sich von selbst. Auch die
Vergabe eines Auftrags an eine Agentur, die am entsprechenden Pitch gar nicht
beteiligt war, gehört eher nicht in die Kategorie ‚guter Stil‘.

Sind die richtigen Agenturen eingeladen worden? Eine Wettbewerbspräsentation mit mehr als vier Agenturen ist aus Sicht sowohl der potentiellen Auftraggeber

als auch der Agenturen nicht sinnvoll. Es empfiehlt sich daher, die in Frage kommenden Agenturen in einem mehrstufigen Prozess auf eine entsprechend kleine Anzahl zu reduzieren. Die Erstellung einer Longlist, idealerweise sieben bis zehn Agenturen, ist der erste Schritt des Suchprozesses. Dabei geht es um die Identifizierung der Agenturen, die für die Aufgabenstellung in erster Linie in Frage kommen. In dieser Kennenlernphase kann eine Credential Präsentation gewünscht werden, in der sich die Agentur beschreibt (Positionierung, Größe, Mitarbeiter, Kunden, Marketing-Instrumente, Internationalität, Case Studies, etc.). Sie entsteht durch Agenturenbeobachtung. Dabei hilft zum Beispiel der GWA mit seinem Jahrbuch und der dazugehörigen App. Die Agenturen der Longlist erhalten die Möglichkeit, sich mit den für die Etatbetreuung zuständigen Teams persönlich vorzustellen. Ein spezifischer Aufwand der Agentur sollte nicht erwartet und folglich auch nicht bewertet und bezahlt werden. Die Präsentation geht in aller Regel noch nicht auf die spezifische Problemstellung des Kunden ein. Auswahlkriterien, nach denen eine Longlist erstellt werden kann sind:

• Profil (Kreation/Planung/Beratung/Media/Online/Offline) der Agenturen
• Ressourcen/Budget-Umfang
• Network/Inhaber geführte Agentur
• Wettbewerbsbeschränkungen/Konkurrenz-Konflikte

Auf Basis der Longlist wird eine engere Auswahl der Agenturen eingeladen. Diese Agenturen – in der Regel drei Agenturen plus Etathalter bei absolut fairer Chance der Etat-Verteidigung – werden für die Wettbewerbspräsentation gebrieft.

Ist die Aufgabe angemessen beschrieben? Ein aussagekräftiges Briefing der beteiligten Agenturen ist die notwendige Voraussetzung für einen erfolgreichen Pitch. Leider lassen Unternehmen hier immer wieder die erforderliche Sorgfalt vermissen. Die Agenturen dieser Pitchlist oder Shortlist erhalten eine gleichlautende Aufgabenstellung (Briefing) für die Wettbewerbspräsentation. Die nachfolgenden Gliederungspunkte haben sich für das Briefing bewährt:

Marketing
• Beschreibung der Marketing-Strategie
• Ziele kurzfristig und langfristig
• Positionierung des Produkts

Wettbewerbs-Situation
- Marktstellung des Unternehmens
- Source of Business

Produktbeschreibung
- Was kauft der Endverbraucher/Verbraucher?
- Was ist der USP des Produktes/der Dienstleistung?
- Was sind die entscheidenden Verkaufsargumente?

Zielgruppe
- Soziodemografische Beschreibung
- Potenzialgröße
- Was weiß der Kunde heute über das Produkt?
- Was sind die entscheidenden Kaufkriterien?
- Was sind bestehende Blockaden/Vorurteile?

Kommunikationsziele
- Was soll der Kunde durch die Kommunikation denken?
- Was soll der Kunde dann konkret tun?
- Was ist die zentrale Begründung hierzu?

Kommunikationsmittel
- Was soll geliefert werden?
- Was sind Pflichtbestandteile, was ist Kür für die Präsentation?
- Was sind die Umsetzung betreffende Rahmenbedingungen (zum Beispiel CD/ CI)?

Budget und Media
- Marketing- und Kommunikations-Budget
- Media-Ziele (plus eventuelle Rahmenbedingungen)
- Kampagnenzeiträume
- Rahmenbedingungen für die Agentur-Honorierung

Welches Honorar wird gezahlt und wem gehören die präsentierten Konzepte? Die Beteiligung an einem Pitch stellt aus Sicht der beteiligten Agenturen einen völlig anderen Aufwand dar als die schlichte Erstellung eines Angebots. Bei der Vorbereitung einer Wettbewerbspräsentation fallen in der Agentur je nach

Tab. 2.1 Pitch-Honorare. (Quelle: Cherrypicker, S. 19)

Kleine Pitch-Aufgabe Grundidee, einfaches Konzept/Idee, 2–3 exemplarische Layouts/ Texte/Entwürfe/Maßnahmen, meist Projektaufgabe nach Pitch	Mindestens *3.000 €*
Mittlere Pitch-Aufgabe Grundidee, breiteres Konzept/Idee, 4–8 exemplarische Layouts/ Entwürfe/Maßnahmen, voraussichtlich kleinerer Etat, größeres Einzelprojekt oder mehrere kleine Projekte nach Pitch	*6.000* bis *8.000 €*
Umfangreiche Pitch-Aufgabe Kommunikationsstrategische Vorarbeiten, integrierte Grundidee, umfassendes Kommunikationskonzept, 9–15 exemplarische Layouts/Texte/Entwürfe/Maßnahmen, meist großes Honorarvolumen pro Jahr und längere Zusammenarbeit nach Pitch geplant	*9.000* bis *16.000 €*
Komplexe oder internationale Pitch-Aufgabe Sehr komplexes Thema oder kommunikationsstrategische Vorarbeiten für mehrere Länder, integrierte/internationale Grundidee, umfassendes, international oder für mehrere Marken/Bereiche einsetzbares Kommunikationskonzept, >20 exemplarische Layouts/Texte/Entwürfe/Maßnahmen, ggf. für verschiedene Länder, mind. in zwei Sprachen, meist sehr großes Honorarvolumen pro Jahr, ggf. mehrere Agenturen/Büros an der Umsetzung beteiligt	*18.000* bis *30.000 €*

Komplexität der Aufgabe Kosten im mittleren bis höheren fünfstelligen Bereich an. Es ist daher angemessen, eine Aufwandsentschädigung zu entrichten. Aus Sicht einer fairen Partnerschaft sollten alle beteiligten Dienstleister eine Kostenkompensation erhalten, die mindestens die technischen Kosten sowie die Reisekosten und anteilig den Arbeitsaufwand abdeckt. Auf diese Art wird auch die Ernsthaftigkeit der Anfrage deutlich gemacht. Als Richtgrößen für die Höhe der Pitch-Honorare hat eine Studie der Unternehmensberatung Cherrypicker obige Werte ergeben (siehe Tab. 2.1).

Die Rechte an präsentierten Ideen, Texten, Illustrationen, Designs und sonstigen Bestandteilen der Präsentation verbleiben bei der jeweiligen Agentur, sofern sie nicht Gewinner des Pitches ist. Dem Kunden bleibt es unbenommen, Teile einer solchen Präsentation gegen angemessene Vergütung durch Vereinbarung mit der Agentur zu erwerben. Der Gewinner des Pitches regelt die Rechte-Übertragung durch einen Vertrag mit dem Kunden.

Ist der Zeitrahmen angemessen? Die Vorbereitung einer Wettbewerbspräsentation braucht Zeit. Es ist völlig ausgeschlossen, innerhalb einer Woche die Lösung für ein komplexes Kommunikationsproblem zu erarbeiten. Dies gilt auch im

BtoB-Umfeld, gleichwohl wird gerade hier immer wieder nach Schnellschüssen verlangt. Vier bis sechs Wochen sind erforderlich, wenn am Ende die Präsentation von Ideen und Konzepten erwartet wird, die tatsächlich am Markt effektiv und effizient arbeiten.

Pitch: Traum und Albtraum einer Agentur. Von Gregor Blach, Geschäftsführer Agentur We Do

Jeder Pitch ist eine Extremsituation. Innerhalb weniger Wochen soll die Agentur ein Kommunikationskonzept entwickeln, das mindestens ein Jahr, meist mehrere Jahre tragen soll. Eine so grundlegende Aufgabe in einem so knappen Zeitrahmen – nichts macht so viel Spaß und nichts zehrt so sehr aus. Jeder Pitch sorgt für Energieschübe und Überanstrengung, Nervenkitzel und Nervenbelastung, Euphorie und Verzweiflung. Auch langjährig Agenturerfahrene werden vom Sog eines Pitches immer wieder aufs Neue mitgerissen. Ein Beispielprojekt soll einmal veranschaulichen, welche Kräfte ein Pitch in einer Agentur mobilisiert: Anruf eines Unternehmen aus der Finanzwirtschaft. Wir werden eingeladen zum Pitch um die integrierte Kampagne für den neuen Markenauftritt. Zwei Tage später soll das persönliche Briefing erfolgen. Freude! Ein spannendes Projekt, eine große, sichtbare Kampagne. Hastiges Hin und Her: Wir stellen ein Team zusammen, das sich dem Pitch widmen soll und legen Termine um, damit alle zum Briefing reisen können. Das schriftliche Briefing umfasst zehn Seiten, in denen die Ausgangssituation, die Leistungen und allgemeine Ziele beschrieben werden.

Wir beginnen, die Anforderungen für uns zu konkretisieren: Was ist das zentrale Problem des Unternehmens? Was braucht es wirklich? Und wie weit können wir gehen? Wir fliegen zum Auftraggeber. Im einstündigen Briefing-Termin erfahren wir ein paar interessante Hintergründe. Es gibt jedoch noch einiges zu klären – unsere Strategin und die Research freuen sich. Am nächsten Tag in der Agentur: Kick-off-Meeting mit allen Teamleitern, also Strategie, Kreation, PR, Interactive, Event und Media. Für alle Disziplinen wird die Marschrichtung festgelegt.

Fakten, Fakten, Fakten: Wir sammeln Informationen, wo wir nur können und so schnell wir können. Online und offline. Wir recherchieren und analysieren alte Kampagnen des Kunden und die der Mitbewerber. Wir screenen die Social Media, werten aus, was die Presse schreibt, und suchen Studien darüber, wie sich der Finanzmarkt entwickelt, welche Trends es dort gibt. Studien, Bücher und Foren zeichnen ein Bild von Entkopplung und Vertrauensverlust. Als Unterstützung holen wir uns einen Experten für Finanzwirtschaft an Bord. Je tiefer wir uns einarbeiten, desto treffgenauer wird unser Vorschlag sein.

Bedürfnisanalyse: Wir zählen die Zielgruppe in der Verbraucheranalyse aus und fragen uns selbst nach unseren Wünschen und Ressentiments. Doch wir brauchen einen unbefangenen Blick – Interviews mit Verbrauchern auf der Straße und in einem neutralen Raum: Was denken sie über die Marke? Was finden sie ansprechend an ihrem Angebot? Welche Vorbehalte haben sie? Wir nehmen unsere wichtigste Frage abends mit nach Hause: Wie können wir neues Vertrauen gewinnen? Für die Gedanken gibt es beim Pitchen keinen Feierabend.

Inkubation. Zehn Tage sind vorüber. Keine drei Wochen haben wir mehr. Zentrale Herausforderung: Vor dem Hintergrund von Kasino-Kapitalismus und Staatspleiten für Vertrauen zu sorgen. Wir setzen uns im Führungsteam zusammen und suchen nach einem Ansatz, mit dem wir die Nuss knacken können. Heiße Diskussionen: Sollen wir mit Menschen bewegen oder mit Fakten überzeugen? Schließlich entscheiden wir uns für die emotionale Richtung. Jetzt ist es Zeit für das interne Kreativ-Briefing. Danach Einarbeiten, Brainstormen und Kopfzerbrechen in den Teams. Zwei Tage später ist bei den ersten Ansätzen nichts dabei. Briefing justiert. Neustart mit justiertem Briefing. In vier Tagen ist Schulterblick mit dem Kunden. Bis dahin müssen wenigstens zwei gute Ideen auf dem Tisch liegen. Der Druck steigt. Immerhin sind die strategischen Grundlagen schon recht gut ausgearbeitet und die Interview-Filme geschnitten.

Zweiter interner Schulterblick mit dem Creative Director: Eine recht gute Idee zeichnet sich ab. Aber es wird noch Inspiration gebraucht: Internationale Benchmark-Kommunikation aus dem Finanzbereich wird recherchiert und von allen Seiten betrachtet. Was haben die richtig gemacht? Jagdfieber. Das Wochenende muss herhalten. Der Sonntag bringt weitere Kreativansätze und ein paar gute Claims. Nun heißt es: Claims checken. Welche sind schon vergeben? Dritter interner Schulterblick, diesmal mit der Geschäftsführung: Die Ansätze „Sympathisch" und „Souverän" werden ins Rennen gehen. Stock-Fotos suchen und suchen und suchen. Es gibt viele austauschbare Gesichter, wenig Passendes. Anzeigen-Layout feinjustieren, Präsentation erstellen, Hemd bügeln. Am nächsten Tag Flug zum Kunden. Positives Feedback. „Sympathisch" geht in die richtige Richtung. Abends erst mal schlafen.

Zwei Wochen noch. Internes Rebriefing mit allen Disziplinen. Wir brauchen ein integriertes Maßnahmenpaket für die favorisierte Kreatividee. Außerdem müssen die Bilder stimmen – sonst hat der Ansatz keine Kraft. Also einen freien Fotografen finden, der Zeit hat, und Freunde (Models?) mit dem „richtigen Gesicht". Layout-Shooting mit dem Creative Diector. Parallel entwerfen die Digitalen eine Kampagnen-Website, Online-Maßnahmen und Social-Media Ideen, die PR-Spezialisten arbeiten ein PR-Konzept aus und die anderen Kreativen entwickeln Ideen für das Direktmarketing und den POS. Interner Schulterblick mit allen Beteiligten. Hochstimmung: Alle sind wie im Fieber, Zusatzideen kommen auf: eine App, ein Service-Konzept, ein Viralfilm. Die Devise: Nur mitnehmen, was kurz vor Schluss noch ausgearbeitet werden kann. Jetzt erst mal Fokus auf die Kernkampagne. Strategie anpassen, Layout neu gestalten, Fotos nachbearbeiten, Headlines texten, Kosten kalkulieren.

Letzter interner Schulterblick. Die Geschäftsführung ist wieder dabei. Die unterschiedlichen Maßnahmen ergeben noch kein rundes Gesamtbild. Alle müssen noch mal ran und feinschleifen. Übermorgen ist Präsentationstermin. Die Nerven liegen blank und die Nacht wird lang. 24 Stunden später steht eine stimmige Gesamtpräsentation. Jetzt noch Korrektur lesen, Rollen verteilen, Probedurchlauf. Geschafft! Am nächsten Morgen im Flieger die letzten Änderungen hier und da. Dann zwei Stunden Zeit, um den Kunden zu überzeugen. Oder auch nicht.

Warten. Warten. Angespanntes Warten. Oft über mehrere Wochen. Bei drei Viertel der Pitches steht am Ende eine Absage und damit Enttäuschung und Frustration. „Zum Pitch eingeladen werden" – das klingt so als dürfte man ein Event besuchen, bei dem es nette Häppchen gibt. Tatsächlich freut man sich in einer Agentur über jede Einladung zum Pitch und ganz besonders über spannende große Projekte. Die Beteiligten stürzen sich voller Engagement in die Arbeit und atmen erst nach der finalen Präsentation wieder richtig durch. Bei aller Begeisterung ist ein Pitch aber eben auch eine Belastungsprobe für jeden Einzelnen und das Business im Ganzen: Pitches sorgen für viele Überstunden, zehren an vielen Nerven und kosten viel Geld. Mitarbeiter werden gebunden, freie Mitarbeiter und Experten eingekauft, Flüge und Hotels gebucht, etc.

Pitch-Investments werden von vielen Auftraggebern quasi als Willkommensgeschenk der Agentur gesehen. Aber im harten Wettbewerb der Agenturen können keine großen Geschenke gemacht werden. Agenturen investieren pro Jahr in mindestens 20 Pitches mit einer Gewinnchance von rund 25 Prozent. Dieses Geld muss erwirtschaftet werden. Also werden die Kosten für verlorene und gewonnene Pitches von den Agenturen auf die Overhead-Kosten umgelegt und damit wieder an die Kunden weitergegeben. Die einfachste Lösung, hier für mehr Transparenz und Fairness zu sorgen, wäre die Zahlung eines angemessenen Pitch-Honorars. Es sollte jedoch im Interesse beider Seiten (Kunde wie Agentur) sein, die Anbahnung einer neuen Agenturbeziehung kosteneffizienter zu gestalten. Hierfür gibt es drei Stellschrauben:

Effizienz durch enge Zusammenarbeit Pitch-Briefings sind häufig unkonkret und Nachfragen werden nicht ausführlich genug beantwortet. Damit fehlt den Agenturen die solide Basis und das klare Ziel für den schnellen Spurt, den sie bei einem Pitch hinlegen sollen. Beim Schulterblick sind oft die wichtigsten Entscheidungsträger nicht anwesend, so dass den Agenturen entweder keine klare oder sogar die falsche Richtung gewiesen wird. Doppelarbeit und Enttäuschungen könnten vermieden werden, würde das Briefing immer gut durchdacht werden und bereits in der Pitch-Phase eng mit den Agenturen zusammengearbeitet. *Ein* Schulterblick bedeutet für beide Seiten einen Gewinn an Zeit und Qualität, wenn wirklich alle Entscheidungsträger daran teilnehmen und ihre Parameter darlegen.

Effektivität durch Entzerrung Nehmen mehr als drei Agenturen an einem Pitch teil, gibt es auf Seiten des Auftraggebers viel zu koordinieren und es ist kaum möglich, mit allen Teilnehmern gut zusammenzuarbeiten. Ähnlich sieht es mit einem straffen Timing aus: Der Auftraggeber verbaut sich die Möglichkeit, ausreichend oft mit den Agenturen über die Erwartungen und Gegebenheiten zu sprechen. Zudem können die Agenturen die Aufgabe nicht in dem Maß durchdringen und bearbeiten wie es für die Entwicklung einer soliden Kommunikationsplattform notwendig wäre. Deshalb sollte der Auftraggeber für jeden Pitch einen Zeitrahmen vorgeben, wie er ihn für sich selbst auch kalkulieren würde. Nach dem Screening sollten nicht mehr als zwei bis drei Agenturen ins Rennen geschickt werden. Die Fokussierung auf die Favoriten und ein realistischer Zeitrahmen würden ein effektives Arbeiten und Zusammenarbeiten ermöglichen.

Klarheit durch Alltagstest Pitches werden gewöhnlich dafür genutzt, grundlegende kommunikative Richtungsentscheidungen zu treffen. Allerdings ist ein Pitch dafür nicht unbedingt der geeignete Rahmen, denn der Auftraggeber muss mit mehreren Agenturen gleichzeitig diese schwerwiegende Aufgabe bearbeiten. Auf beiden Seiten steht viel auf dem Spiel und das Stressniveau ist entsprechend hoch. Probeprojekte mit eher alltäglichen

Aufträgen bieten die Gelegenheit, die Agenturen jenseits des Adrenalinkicks kennenzulernen. Der entspannte Rahmen ermöglicht es dem Auftraggeber, die zukünftige Agentur in Ruhe und mit Bedacht auszuwählen. Würden die genannten Vorschläge berücksichtigt werden, wäre es tatsächlich passend, von einer „Einladung" der Agenturen zu sprechen. Die Auftraggeber könnten das Beste aus der Kennenlernphase herausholen, ohne dabei ein Übermaß an Kosten zu produzieren. Ob Pitch oder Probeprojekt – es könnte wirklich ein Traum sein.

3.4 Alternativen zum Pitch

Häufig ist der Pitch nicht der beste Weg zur neuen Agentur. Allein schon wegen des hohen mit einem Pitch verbundenen Aufwands sollte man Alternativen genau prüfen. Folgende wesentlich weniger aufwändigen, aber vielfach ebenso wirkungsvollen beziehungsweise angemesseneren Auswahlverfahren bieten sich an:

Probeauftrag Der Probeauftrag wird auch „Reality Check" genannt und eignet sich sehr gut dazu, die Arbeitsweise einer Agentur kennen zu lernen. Er ist eine erste Projektarbeit unter realen Bedingungen und hilft sowohl der Agentur als auch dem Kunden, sich gegenseitig ein Bild voneinander zu machen, und das unter „realen" Bedingungen. Zudem kann man, ein gewisses Maß an Diskretion vorausgesetzt, eine neue Agentur testen, ohne der Bestandsagentur zu kündigen. Sollte das Verhältnis zur Bestandsagentur unwiderruflich zerrüttet sein, kann ein Probeauftrag helfen, die Zeit bis zur Beauftragung der neuen Agentur zu überbrücken, ohne dass das betreffende Unternehmen seine Marketing-Kommunikation einstellt. Der Probeauftrag hat aber auch einige Nachteile (vgl. *IPA 2009), S. 70 f.*). Er bedeutet für das Marketing zusätzlichen Arbeitsaufwand, denn neben der Bestands- muss nun noch eine weitere Agentur gesteuert werden, wenn auch nur über einen überschaubaren Zeitraum. Zudem erhält eine Agentur im Rahmen eines Probeauftrags möglicherweise sensible Informationen über den potentiellen Auftragsgeber. Hier helfen jedoch einerseits Verschwiegenheitserklärungen, zum anderen lassen Unternehmen im Probeauftrag von der oder den Agentur(en) fiktive oder eher randständige Themen bearbeiten.

Workshop Als Kunde kann man einzelne Vertreter einer Agentur zu einem Workshop einladen, um dort fachspezifische Fragen oder konkrete Themen aus dem Tagesgeschäft zu diskutieren. Ein Workshop dauert üblicherweise einen Tag und umfasst häufig – ähnlich dem „Assessment Center" in der Personalrekrutierung – die Bearbeitung verschiedener Aufgaben seitens der Agentur in Zusammenarbeit mit dem potentiellen Auftraggeber. Hier kann man gut erkennen, wie die Agentur bei der Lösung von Problemen vorgeht und welche Ideen und Strategien sie entwickelt. Und man lernt die handelnden Personen kennen, was vielleicht noch wichtiger ist. Workshops haben einige Vorteile, auch und gerade gegenüber einem Pitch. Hier können Agentur und Kunde gemeinsam sehr tief und grundlegend auch in strategische Fragen einsteigen. Der Pitch ist dagegen von seiner Konzeption her eher dem Kampagnengedanken verhaftet beziehungsweise für klar umrissene Aufgaben mit angemessenem Volumen geeignet.

Bevor man einen Workshop veranstaltet, muss man sich auf Unternehmensseite über die zu bearbeitenden Aufgaben ebenso im Klaren sein wie über die Kriterien, mit denen die Arbeitsergebnisse der teilnehmenden Agenturen bewertet werden sollen. Bei der Bewertung sollte der Fokus in der Tendenz eher auf den Problemlösungskompetenzen der Agenturen liegen als auf den Arbeitsergebnissen selbst. Für diese Bewertung braucht man geeignete Kriterien, die sowohl „Soft-" als auch „Hard-Facts" abbilden können (vgl. *IPA 2009*, S. 73 f.). An einem Workshop sollten je zwei bis drei Vertreter von Agentur- und Unternehmensseite plus gegebenenfalls ein Moderator teilnehmen. Das Unternehmen sollte den beteiligten Agenturen eine angemessene Vergütung für den Workshop zukommen lassen.

Chemistry Meeting Die Mitarbeiter auf Unternehmens- und auf Agenturseite arbeiten in der Regel langfristig sehr eng zusammen. Es ist hier also besonders wichtig, dass die Beteiligten auf beiden Seiten gut zueinander passen. Bei einem ersten persönlichen Kennenlernen kann man schnell ein Gefühl füreinander bekommen. Das gilt für beide Seiten, denn die Agentur muss nicht immer zum Kunden passen, umgekehrt passt aber auch nicht jeder Kunde zu jeder Agentur. Eine Zusammenarbeit ist aber nur sinnvoll, wenn die Chemie zwischen beiden Seiten spürbar stimmt. Die Diskussion einer Checkliste mit Fragen nach der täglichen Zusammenarbeit, internen Arbeitsabläufen oder Herangehensweisen an Aufgabenstellungen sollte Informationen darüber liefern, ob sich beide Seiten eine Zusammenarbeit vorstellen können. Im Unterschied zum sehr ähnlichen Workshop liegt beim Chemistry Meeting der Fokus auf zwischenmenschlichen Aspekte beziehungsweise auf „Soft facts". Zudem ist der Aufwand, sowohl was Vorbereitung als auch Dauer anbetrifft, geringer.

3.5 Nachgelagerte Überlegungen

Hat sich ein Unternehmen für eine (neue) Agentur entschieden, gilt es, die folgenden Schritte zu ergreifen:

Kommunikation Über die Kommunikation des Agenturwechsels muss man sich rechtzeitig Gedanken machen. Speziell für die Branchenpresse sind Etatverlagerungen wichtige News. „Unter dem Deckel" bleiben solche Vorgänge von einer bestimmten Größenordnung an in aller Regel nicht, dafür ist das Thema für die Branchenpresse zu reizvoll. Es sollte im Idealfall ein Kommunikationsplan vorliegen, der den gesamten Auswahlprozess abbildet (wer meldet was wann an wen?). Besondere Aufmerksamkeit sollte ein Unternehmen der Informationsstrategie gegenüber der aktuellen Agentur widmen. Es ist aus Agentursicht wenig erfreulich, über eine geplante Ablösung aus der Presse zu erfahren. Andererseits ist mit einem sofortigen Abfall der Motivation der Bestandsagentur zu rechnen, sobald deren anstehende Ablösung publik wird.

Vertragsabschluss Es klingt trivial: Am Ende des Auswahlprozesses sollte es einen Vertrag zwischen Agentur und Unternehmen geben, in dem die wesentlichen Eckpunkte der Zusammenarbeit klar geregelt sind. In der Praxis scheint es sich hierbei aber keineswegs um eine Selbstverständlichkeit zu handeln. An dieser Stelle sei ein Vertragsabschluss möglichst innerhalb des ersten Monats nach Ende des Auswahlprozesses dringend empfohlen. Das Fehlen eines solchen Papiers (oder der entsprechenden Unterschriften, auch das gibt es) birgt große Gefahren. Ausführliche Hilfestellung inklusive zahlreicher Musterverträge gibt das Buch der Kanzlei Kolonko (vgl. Kolonko 2013). Ein wichtiges Thema in diesem Zusammenhang ist das der Zahlungsmodalitäten (Pauschalhonorar, Projekthonorar, Scope-of-Work-Vereinbarung, Zahlungen auf Provisionsbasis).

Die Übergabe Ein möglicherweise schwieriges Thema ist die Übergabe von der bisherigen zur neuen Agentur. Es ist aber wichtig, dass zumindest sämtliche wichtigen Unterlagen und Materialien in die neue Agentur finden. Zwei Wege sind hier denkbar: Die bisherige Agentur übergibt das Material entweder dem Kunden, der es der neuen Agentur weiterleitet, oder direkt der neuen Agentur (vgl. *IPA 2009*, S. 78 f.). Beides hat Vor- und Nachteile. Der erste Weg spart Zeit, die Übergabe kann schon erfolgen, bevor überhaupt eine neue Agentur gefunden wurde. Zudem erspart es der bisherigen Agentur den möglicherweise unangenehmen Kontakt mit ihrer Nachfolgerin. Vorteile der Übergabe von Agentur zu Agentur sind die Vermeidung von „Stille-Post"-Effekten und das möglicherweise bessere Verständnis der Agenturmitarbeiter auf beiden Seiten für die Bedeutung der zu übergebenen Mate-

rialien. Zudem gewährleistet der Dialog zwischen den Agenturmitarbeitern die
Übertragung auch von implizitem Know-how über den Kunden und dessen Marke.

**Agenturauswahl ist ein bisschen wie Weihnachten… Von Thomas Holz-
apfel, Global Category Leader Marketing Procurement, Deutsche Tele-
kom AG**

Weihnachten ist im christlichen Kulturkreis für viele Familien das wichtigste Fest des Jahres. Die Erwartungen sind hoch. Die Großeltern wünschen
sich vielleicht ein besinnliches Fest, die Eltern ein wenig Ruhe nach der oft
hektischen Adventszeit und die Kinder warten voller Vorfreude auf Christ-
kind, Weihnachtsmann und das ein oder andere Geschenk. Die Realität sieht
leider häufig anders aus. Es gibt Ungeduld, Streit, Aufregung und Stress.
Das ist nicht überraschend. Denn die Weihnachtsregel besagt, dass uns wichtige Aufgaben, die wir nur selten machen, häufig nicht so gut gelingen, wie
wir uns das wünschen. In vielen Unternehmen greift die Weihnachtsregel
analog bei der Agenturauswahl. Auch wenn die Selektion neuer Lieferanten
und Dienstleister für den Einkauf Routine ist, wählen Marketingverantwort-
liche eine neue Agentur normalerweise nur alle paar Jahre aus. Dann aber
gibt es viele Beteiligte mit hohen und teilweise sehr unterschiedlichen Zie-
len, und das Ergebnis hat großen Einfluss auf den zukünftigen Markterfolg
des Unternehmens. Wenn Unternehmen hier einen schlechten Job machen,
kann das gravierende langfristige Auswirkungen haben. Was können Unternehmen tun, um nicht nur ein schlechtes Ergebnis zu vermeiden, sondern
vielmehr ein richtig gutes Ergebnis zu erzielen?

Auch wenn es im Kern nur um die Auswahl eines neuen Dienstleisters
geht, unterscheidet sich die Agenturauswahl signifikant von der Auswahl
anderer Lieferanten. Dafür gibt es eine Reihe von Gründen:

- Werbung ist eine freiwillige Investition mit dem Ziel, dem Unternehmen zu mehr Wachstum zu verhelfen. Das Ziel sollte es sein, für das
  eingesetzte Kapital das beste Ergebnis zu erzielen.
- Der Einkauf wird in der Regel an Einsparungen gemessen. Einsparungen sollten aber nicht das Haupt-Ziel bei der Auswahl einer Agentur
  sein. Wie kann dann der Erfolg des Einkaufs gemessen werden?
- Marketing-Leistungen sind schwierig zu spezifizieren. Häufig ändern
  sich die Anforderungen auch noch während eines Projekts.
- Die Entscheidung für oder gegen eine Agentur ist mit deutlich größeren Risiken verbunden als bei den meisten anderen Lieferanten-
  Entscheidungen. Das Arbeitsergebnis der Agentur beeinflusst ganz

maßgeblich auch den Erfolg der eingesetzten Produktions- und Mediabudgets, die das Agenturhonorar häufig deutlich übersteigen
- Ausschreibungen und Pitches stehen deutlich mehr im Fokus der (Branchen-) Öffentlichkeit, als bei anderen Leistungen, die das Unternehmen einkauft

Das Bewusstsein über diese Herausforderungen, verbunden mit dem Befolgen von einigen einfachen Tipps, steigert die Chancen auf einen erfolgreichen Projektverlauf deutlich:

- Dialog und Kommunikation sind entscheidend. Zu Projektbeginn sollten alle Beteiligten in einem Kick-Off-Meeting Erwartungen, Rahmenbedingungen, Ziele, Rollen, Aufgaben, Zeitplan, Entscheidungsbefugnisse und -kriterien usw. abstimmen und schriftlich in einem Projekt-Briefing festhalten. Dabei kann es nur hilfreich sein, die expliziten Stärken unterschiedlicher Abteilungen zu nutzen und einzubinden.
- Dieses Projekt-Briefing ist die Basis der eigentlichen Projekt-Umsetzung. Es setzt Leitplanken, kann aber nicht jeden möglichen Fall vorab regeln. Daher gilt: Flexibel und abgestimmt auf unerwartete Wendungen reagieren.
- Pitches und Ausschreibungen sind bewährte Mechanismen zur Agenturauswahl, die Vor- und Nachteile haben. Unternehmen sollten auch alternative Vorgehensweisen prüfen.
- Es sollte auf jeden Fall genug Zeit einplant werden. Sowohl für den gesamten Projektverlauf, als auch für Meetings und Abstimmungen intern und mit Agenturen. Dies gilt auch und gerade für die Entscheider.
- Bei allem Stress sollte der Umgang aller am Projekt Beteiligten von Wertschätzung geprägt und der gemeinsamen Suche nach der besten Lösung für den Kunden geprägt sein.

So wie sich Unternehmen voneinander unterscheiden, wird auch der Prozess der Agenturauswahl deutlich voneinander abweichen. Es gibt nicht den einen gültigen oder besten Prozess. Wenn sich die Beteiligten der Besonderheiten der Agenturauswahl bewusst sind und unter Berücksichtigung der Erfahrungen anderer Ihre eigene Herangehensweise für ein solches Projekt entwickeln, sind dies die besten Voraussetzungen, die Weihnachtsregel auszuhebeln und die Basis eine gute Zusammenarbeit mit der zukünftigen Agentur zu schaffen.

Frohes Fest!

Fazit/Ausblick

4

Die Auswahl einer Agentur ist für ein Unternehmen eine komplexe Aufgabe, etwa vergleichbar mit der Besetzung einer Position im Top-Management. Auch die Kosten sind aus Unternehmens- und aus Agentursicht hoch, gerade, wenn es sich um einen großen Pitch handelt. Trotz dieser Nachteile haben Unternehmen in der jüngeren Vergangenheit teilweise zu leichtfertig zum Instrument des Pitches gegriffen. Kolportiert wird die Geschichte, dass ein Unternehmen den Text zur Einladung zur Hauptversammlung (wohlgemerkt: nicht die Einladung insgesamt) per Pitch ausgeschrieben hat. So etwas führt zu hohen Kosten auf Unternehmensseite und zu Kopfschütteln und Nicht-Teilnahme auf Agenturseite. Die Agenturauswahl sollte also gut vorbereitet, professionell umgesetzt und ordentlich nachbereitet werden. Ansonsten wird hier viel Geld verbrannt.

Es ist dabei zu erwarten, dass die Aufgabe der Agenturauswahl künftig nicht leichter wird. Marketing-Kommunikation bewegt sich immer stärker in Richtung Digitalisierung, wobei eine wachsende Bandbreite von Technik zum Einsatz kommt, die zudem immer schneller veraltet. Folge ist, dass immer mehr Spezialisten benötigt werden. Der Markt für diese Spezialisten ist jedoch noch unübersichtlicher als der Agenturmarkt und von einer höheren Veränderungsdynamik. Das alles wird die Auswahl von Kommunikationsdienstleistern künftig weiter erschweren.

© Springer Fachmedien Wiesbaden 2015
R. Nöcker, *Agenturauswahl*, essentials, DOI 10.1007/978-3-658-07336-7_4

Was Sie aus diesem Essential mitnehmen können

- Fragen Sie sich zu Beginn, ob Sie wirklich eine (neue) Agentur brauchen.
- Machen Sie sich klar, um welche Aufgaben es gehen soll.
- Schaffen Sie Klarheit über die Auswahlkriterien.
- Wählen Sie ein geeignetes Auswahlverfahren (Pitch, Workshop, etc).
- Klären Sie Kommunikations-, Übergabe- und Vertragsfragen, sobald sie eine geeignete Agentur gefunden haben.

© Springer Fachmedien Wiesbaden 2015
R. Nöcker, *Agenturauswahl*, essentials, DOI 10.1007/978-3-658-07336-7

Links

Verbände	
www.bme.de	Bundesverband Materialwirtschaft und Einkauf
www.gwa.de	Verband der führenden deutschen Kommunikationsagenturen
www.zaw.de	Zentralverband der Deutschen Werbewirtschaft
www.aaaa.org/Pages/default.aspx	Website des amerikanischen Agenturverbands
www.ipa.co.uk/Document/finding-an-agency-full-version	Broschüre zur Agenturauswahl des britischen Agenturverbands IPA
Fachzeitschriften	
www.horizont.net	Fachzeitschrift der Werbe-/Kommunikations-/Medienbranche
www.wuv.de	„Werben und verkaufen" – Fachzeitschrift der Werbe-/Kommunikations-/Medienbranche
Dienstleister	
www.rothobservatory.com	Auf Agenturauswahlprozesse spezialisierte Unternehmensberatung
www.cherrypicker.de/de/	Auf Agenturauswahlprozesse spezialisierte Unternehmensberatung

© Springer Fachmedien Wiesbaden 2015
R. Nöcker, *Agenturauswahl*, essentials, DOI 10.1007/978-3-658-07336-7

Anhang

Firma	Adresse	Telefon	E-Mail
2k kreativkonzept gesellschaft für effektive werbung mbh	Virchowstraße 14 76133 Karlsruhe	+49 721 97213-0	info@2-k.de
A, S,M Werbeagentur GmbH	Rauchstraße 7 81679 München	+49 89 417605-0	info@asm-muenchen.de
AGENTA Werbeagentur GmbH	Königsstraße 51–53 48143 Münster	+49 251 5305-0	dialog@agenta.de
Aimaq von Lobenstein Creative Brand Consulting GmbH	Münzstraße 15 10178 Berlin-Mitte	+49 30 308871-48	info@avlberlin.com
AKQA GmbH	Montbijouplatz 4 10178 Berlin	+49 30 9919161-00	
ATS Agentur für Werbung und Verkaufsförderung GmbH GWA	Wertherstraße 20 33615 Bielefeld	+49 521 52099-0	infomail@ats-werbeagentur.de
Avance Gesellschaft für Marketing und Vertrieb mbH	Relenbergstraße 80 70174 Stuttgart	0711-123 500-0	mail@avance-marketing.de
BARTENBACH AG	An der Fahrt 8 55124 Mainz	+49 6131 910980	mail@bartenbach.de
BBDO Germany GmbH	Königsallee 92 40212 Düsseldorf	+49 211 1379-8122	info@bbdo.de
Beaufort 8 GmbH Agentur für Kommunikation	Kriegsbergstraße 34 70174 Stuttgart	+49 711 25773-0	info@beaufort8.de

© Springer Fachmedien Wiesbaden 2015
R. Nöcker, *Agenturauswahl,* essentials, DOI 10.1007/978-3-658-07336-7

Firma	Adresse	Telefon	E-Mail
Bernstein GmbH	Konsul-Smidt-Straße 8J 28217 Bremen	+49 421 339160	info@bernstein.de.com
bilekjaeger KG Werbeagentur	Rotebühlstraße 87 E 70178 Stuttgart	+49 711 78486-0	info@bilekjaeger.de
Brand Lounge GmbH Werbeagentur GWA	Immermannstraße 9 40210 Düsseldorf	+49 211 6219-0	mail@brandlounge.de
BrawandRieken Werbeagentur GmbH	Poggenmühle 1 20457 Hamburg	+49 40 307070-0	info@brawandrieken.de
BSS Markenkommunikation Sachse und Partner GmbH	Seewiesenstraße 2 74321 Bietigheim-Bissingen	+49 7142 591-0	info@bss-marken-kommunikation.de
BUTTER. GmbH	Kronprinzenstraße 87 40217 Düsseldorf	+49 211 86797-0	contact@butter.de
Cheil Germany GmbH	Am Kronberger Hang 8 65824 Schwalbach	+49 6196 9713-0	info.germany@cheil.com
cre art Neidhardt Werbe GmbH	Lindenstraße 30 36037 Fulda	+49 661 25111-0	werbung@creart.de
cyperfection GmbH	Karl-Krämer-Straße 4 67061 Ludwigshafen	+49 621 587104-0	info@cyperfection.de
DAMM & BIERBAUM Agentur für Marketing und Kommunikation	Hanauer Landstraße 135-137 60314 Frankfurt am Main	+49 69 789105-0	info@dammbierbaum.de
DDB Group GmbH	Neue Schönhauser Straße 3–5 10178 Berlin	+49 30 24084-0	contact@de.ddb.com
DIE CREW AG Werbeagentur	Maybachstraße 8 70469 Stuttgart	+49 711 13545-0	info@diecrew.de
DIE GRUPPE! Werbeagentur GmbH	Eichwiesenring 1/1 70567 Stuttgart	+49 711 72847-0	info@diegruppe.de
Dievision Agentur für Kommunikation GmbH	Kriegerstraße 44 30161 Hannover	+49 511 288791-0	info@dievision.de
DORLAND Werbeagentur GmbH	Leuschnerdamm 31 10999 Berlin	+49 30 61684-0	info@dorland.de
Eberle Werbeagentur GmbH GWA	Goethestraße 115 73525 Schwäbisch Gmünd	+49 7171 92529-0	eberle@eberle-werbeagentur.de

Firma	Adresse	Telefon	E-Mail
elbkind GmbH	Große Elbstraße 145 D 22767 Hamburg	+49 40 4328247-0	contact@elbkind.de
Ellusion GmbH	Frauenstraße 30 80469 München	+49 89 55263550	info@ellusion.de
FCB Deutschland GmbH	Bleichenbrücke 10 20354 Hamburg	+49 40 2881-0	info@fcb.com
Frahm und Wandelt Werbeagentur GmbH	Mühlenkamp 63 A 22303 Hamburg	+49 40 227200-0	info@frahm-und-wandelt.de
Frese & Wolff DIE ONE VOICE AGENTUR	Donnerschweer Straße 79 26123 Oldenburg	+49 441 8002-0	info@frese-wolff.de
FULLHAUS Marketing & Werbung GmbH	Hans-Watzlik-Straße 1 93073 Neutraubling	+49 9401 9244-10	info@fullhaus.de
G+P Glanzer+Partner Werbeagentur GmbH	Paracelsusstraße 26 70599 Stuttgart	+49 711 1673-0	info@glanzer-und-partner.de
Gabler Werbeagentur GmbH	Motorstraße 70 70499 Stuttgart	+49 711 139966-0	post@gabler-stgt.de
Geometry Global GmbH	Rosenthalerstraße 51 10178 Berlin	+49 30 288841-300	info@geometry.com
GGH Lowe	Schützenstraße 21 (Phoenixhof) 22761 Hamburg	+49 40 2880260	info@ggh.lowe.de
Grabarz & Partner Werbeagentur GmbH	Alter Wall 55 20457 Hamburg	+49 40 37641-0	patrick.cahill@grabarzundpartner.de
GRAMM Werbeagentur GmbH	Platz der Ideen 2 40476 Düsseldorf	+49 211 4388-0	info@gramm.de
GREY Healthcare GmbH	Im Mediapark 5 50670 Köln	+49 221 94270-0	contact@ghgroup.de
Grey Worldwide GmbH	Platz der Ideen 1 40476 Düsseldorf	+49 211 3807-0	jenny.heidenreich@grey.de
Havas Worldwide Düsseldorf GmbH	Kaiserswerther Straße 135 40474 Düsseldorf	+49 0211-9916-0	mailcenter@eurorscg.de
Heimat Werbeagentur GmbH	Segitzdamm 2 10969 Berlin	+49 30 61652-0	info@heimat-berlin.com

Firma	Adresse	Telefon	E-Mail
HETTENBACH GMBH+CO.KG WERBEAGENTUR GWA	Werderstraße 134 74074 Heilbronn	+49 7131 7930-0	info@hettenbach.de
Heye GmbH	Blumenstraße 28 80331 München	+49 89 66532-0	info@heye.de
htp communications GmbH	Adalbertstraße 8 80799 München	+49 89 290012-0	info@htp.de
Hübner & Sturk. Werbeagentur GmbH	Rudolf-Diesel-Straße 24 64625 Bensheim	+49 6251 8404-0	info@huebner-sturk.de
Hundert Grad Kommunikation GmbH	Westerbachstraße 47 60489 Frankfurt am Main	+49 69 907489-0	info@hundertgrad.de
husare gmbh human sales relation	Sinninger Straße 44 48282 Emsdetten	+49 2572 9363–0	info@husare.de
Huth+Wenzel Agentur für Kommunikation GmbH	Waldschmidtstraße 19 60316 Frankfurt am Main	+49 69 971208-0	info@huth-wenzel.de
JWT Frankfurt Germany	Hanauer Landstraße 147 60314 Frankfurt am Main	+49 69 405 76 216	germany@jwt.de
Jung von Matt AG	Glashüttenstraße 38 20357 Hamburg	+49 40 4321-0	team@jvm.de
Kastner & Partner GmbH	Flughafenstraße 6 60528 Frankfurt am Main	+49 69 677299-0	info@kastner-partner.de
kl, company GmbH	Stievestraße 9 80638 München	+49 89 171111-0	info@kl-company.de
KNSK Werbeagentur GmbH	An der Alster 1 20099 Hamburg	+49 40 44189-01	info@knsk.de
Kolle Rebbe GmbH	Dienerreihe 2 20457 Hamburg	+49 40 325423-0	info@kolle-rebbe.de
LässingMüller Werbeagentur GmbH & Co.KG	Renzwiesen 6 70327 Stuttgart	+49 711 248922-10	kommunikation@lmwa.de
Leagas Delaney Hamburg Werbeagentur GmbH	Eimsbütteler Straße 64 22769 Hamburg	+49 40 54804-0	de@leagasdelaney.com
Leo Burnett GmbH Werbeagentur GWA	Ferdinand-Happ-Straße 53 60314 Frankfurt am Main	+49 69 78077-0	info@leoburnett.de

Firma	Adresse	Telefon	E-Mail
m/e brand communi-cation GmbH GWA	Peter-Müller-Straße 14 40468 Düsseldorf	+49 211 17301-0	team@me-dus.com
McCann Erickson Deutschland GmbH	Großer Hasenpfad 44 60598 Frankfurt am Main	+49 69 60507-0	mccann-erickson@mccann.de
MEDIA CONSULTA Deutschland GmbH	Wassergasse 3 10179 Berlin	+49 30 6-50000	mc@media-consulta.com
mediaman Gesell-schaft für Kommuni-kation mbH	Quintinstraße 16 55116 Mainz	+49 6131 21200	hallo@mediaman.de
Ogilvy & Mather Deutschland Gruppe	Darmstädter Land-straße 112 60598 Frankfurt am Main	+49 69 96225-0	jorinde.gessner@ogilvy.com
PACT Communication Group	Erika-Mann-Straße 62 80636 München	+49 89 51717-100	info@pact.de
Pahnke Markenma-cherei GmbH & Co. KG	Ludwigstraße 14 20357 Hamburg	+49 40 248212-0	markenmacherei@pahnke.de
PEIX Pharma Agentur für Design & Kommu-nikation GmbH	Adalbertstraße 20 10997 Berlin	+49 30 616507-0	info@peix.de
Philipp und Keuntje GmbH	Brunnenhofstraße 2 22767 Hamburg	+49 40 432599-0	kontakt@philippund-keuntje.de
Publicis Frankfurt	Otto-Meßmer-Straße 1 60314 Frankfurt am Main	+49 69 15402-1	info@publicis-frank-furt.de
qu.int GmbH	Waldkircher Straße 12 79106 Freiburg	+49 761 282880	info@qu-int.com
Razorfish GmbH	Jakob-Latscha-Straße 3 60314 Frankfurt am Main	+49 69 70403-0	info@razorfish.de
REINSCLASSEN GmbH & Co.KG	Mittelweg 161 20148 Hamburg	+49 40 226927-0	info@reinsclassen.de
ressourcenmangel GmbH	Schlesische Straße 26/C4 10997 Berlin	+49 30 5900379	anderpanke@ressour-cenmangel.de
RosenbauerSolbach Werbeagentur GmbH	Moorfuhrtweg 11 22301 Hamburg	+49 40 822229-0	info@rosenbauersol-bach.de
RTS Rieger Team Werbeagentur GmbH	Bunsenstraße 7–9 70771 Leinfelden-Echterdingen	+49 711 9752-0	info@rts-riegerteam.de

Firma	Adresse	Telefon	E-Mail
Saatchi & Saatchi GmbH	Otto-Meßmer-Straße 1 60314 Frankfurt am Main	+49 69 7142-0	info@saatchi.de
Sahler Werbung GmbH & Co. KG	Klosterstraße 20 40211 Düsseldorf	+49 211 82825-0	
Sapient GmbH	Arnulfstraße 60 80335 München	+49 89 552987-0	info.de@sapient.com
Schaller & Partner Werbeagentur GmbH	Luzenbergstraße 54–56 68305 Mannheim	+49 621 76271-0	info@schaller-werbung.de
Schindler Parent GmbH	Uferpromenade 3–5 88709 Meersburg am Bodensee	+49 7532 4301-0	kontakt@schindler-parent.de
Schlasse GmbH für Kommunikation	Bahnstraße 50 40699 Erkrath	+49 211 520323-0	schlasse@schlasse.de
Schmittgall Werbeagentur GmbH	Albstraße 14 70597 Stuttgart	+49 711 604460	info@schmittgall.de
Scholz & Friends Group GmbH	Litfaß-Platz 1 10178 Berlin	+49 30 7001860	info@s-f.com
Spirit Link GmbH	Paul-Gordan-Straße 13 91052 Erlangen	+49 9131 977920	info@spiritlink.de
stagg & friends GmbH	Tersteegenstraße 28 40474 Düsseldorf	+49 211 550293-0	info@stagg-friends.de
Stiehl/Over GmbH Gesellschaft für Markenkommunikation GWA	Konrad-Adenauer-Ring 24 49074 Osnabrück	+49 541 35848-0	email@stiehlover.com
Sudler & Hennessey GmbH	Dornhofstraße 44–46 63263 Neu-Isenburg	+49 6102 7993-100	sudlerfrankfurt@sudler.com
taste! Food & Beverage Communication GmbH	Frankfurter Straße 111 63067 Offenbach	+49 69 98193-0	info@taste-werbeagentur.de
TBWA Deutschland Holding GmbH	Schanzenstraße 56 40549 Düsseldorf	+49 211 86435-0	info@tbwa.de
thjnk AG	Große Bleichen 10 20354 Hamburg	+49 40 4134990	info@thjnk.de
von Mannstein Werbeagentur GmbH	Hackhausen 15 42697 Solingen	+49 212 728-0	mail@mannstein.de
VSF&P GmbH	Stresemannstraße 29 22769 Hamburg	+49 40 4328660	info@vsfp.de

Firma	Adresse	Telefon	E-Mail
Wächter & Wächter Worldwide Partners GmbH	Lindwurmstraße 88 80337 München	+49 89 747242-0	neugierig@waechter-waechter.de
WDD 3C Dr. Faltz, Stute & Partner Werbeagentur GmbH GWA	Dribruger Straße 4 44143 Dortmund	+49 231 51690-0	info@wdd3c.de
WE DO Communication GmbH	Chausseestraße 13 10115 Berlin	+49 30 5268520	ask@we-do.eu
WEFRA Werbeagentur GWA	Mitteldicker Weg 1/WEF-RA-Haus 63263 Neu-Isenburg	+49 69 695008-0	info@wefra.de
Wensauer & Partner Werbeagentur GmbH	Osterholz-allee 76 71636 Ludwigsburg	+49 7141 4075-0	info@wensauer.de
WERBUNG etc. Werbeagentur AG	Teckstraße 70 70190 Stuttgart	+49 711 28538-0	info@werbungetc.de
wob AG	Werner-Heisen-berg-Straße 6a-10 68519 Viernheim	+49 6204 970-0	info@wob.ag
WVP Werbegesellschaft mbH	Alexanderstraße 153 70180 Stuttgart	+49 711 6017670	wvp@wvp.de
zuk. Zink und Kraemer AG	Liebfrauenstraße 9 54290 Trier	+49 651 97892-0	info@zuk.de

Literatur

Averdung, A. (2014). *Erfolgreiches Management von Marketingagenturen im Wandel*. Wiesbaden: Springer.

Cherrypicker (2014). *How to pitch better*. Studie, Hamburg. http://www.cherrypicker.de/de/news/15-service/69-agenturen-sagen-nein-zu-pitches.html. Zugegriffen: 30. Aug. 2014.

Dyer, J. H., & Singh, H. (1998). The relational view: Cooperative strategy and source of interorganizational competitive advantage. *Academy of Management Review, 23*(4), 660–679.

Faecks, I., & Nöcker, R. (2014). Die Rolle der Marketingagentur heute und morgen. *Transfer, 60*(2), 82–85.

GWA. (2009). *Wie kommen Werbungtreibende zu ihren Agenturen?* Studie, http://www.gwa.de/themen-wissen/gwa-studien/.

GWA. (Hrsg.) (2014). *Agenturporträts. GWA-Jahrbuch 2014*. Frankfurter Allgemeine Buchverlag. Die dazugehörige App gibt es unter www.gwa.de/apps/jahrbuch.

GWA. (2014a). *GWA Frühjahrsmonitor 2014*. http://www.gwa.de/themen-wissen/gwa-monitore/. Zugegriffen: Mai 2014.

Horsky, S. (2006). The changing architecture of advertising agencies. *Marketing Science, 25,* 367–383.

Horsky, S., Michael, S. C., & Silk, A. J. (2008). *The internalization of advertising services: An inter-industry analysis*. Harvard Business School Working Paper Series 06/25.

IPA (Hrsg.) (2009). *Finding an agency. A best practice guide to agency search and selection*. 2. Aufl. London.

Kolonko, E. (2012). *Verträge mit Kommunikationsagenturen. Musterverträge mit Kommentierungen*. Frankfurt a. M.: FAZ.

Maex, D. (2012). *Sexy little numbers*. New York: Crown Business.

Nöcker, R. (2014). *Ökonomie der Werbung*. Wiesbaden: Springer.

Nöcker, R., & Burrack, H. (2007). *Vom Pitch zum Award*. Frankfurt a. M.: FAZ.

Poppo, L., & Zenger, T. (1998). Testing alternative theories of the firm: Transaction costs, knowledge-based, and measurement explanations for make-or-buy-decisions in information services. *Strategic Management Journal, 19,* 853–877.

© Springer Fachmedien Wiesbaden 2015
R. Nöcker, *Agenturauswahl,* essentials, DOI 10.1007/978-3-658-07336-7

Lesen Sie hier weiter

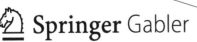